シリーズ　新約聖書に聴く

ヘブル人への手紙に聴く
大祭司イエス・キリストを告げる説教

岩崎　謙［著］

いのちのことば社

はじめに

この本は、日本キリスト改革派神港教会で、二〇二一年四月二十五日から四十五回なされた「ヘブル人への手紙」（以後、「本書」と表記）の連続講解説教をまとめたものです。説教では、一つのメッセージが立ち上がるように段落の区切りに留意し、訳し方を検討し、各節の解き明かしを原文に則して行いました。またこの本には、説教がなされた時代的教会的背景が色濃く反映されています。説教のライブ的性質が、みことばを身近に感じていただける契機になるのではと思い、この時期に神港教会でなされたという固有性をそのまま残しました。

本書の説教がなされる少し前から、新型コロナの緊急事態宣言等が出されました。神港教会では、主日礼拝をYouTubeのライブ配信で、また説教要約（B5裏表）をメールと郵送で届けていました。ときには集う人がいなくても、ライブ配信を見ておられる闘病中の方などを意識しながら語っていました。また、連続講解説教中にロシアのウクライナ侵攻が始まりました。次のページの派遣と祝福の祈りで、「牙をむく暴力」はその後に付加されたものです。説教で直接触れることはありませんでしたが、朝の礼拝のとりなしの祈禱ではいつも平和を、「平和の神」（ヘブル一三・二〇）に祈り求めていました。

教会的背景としては、「私たちの使命と証し」（暫定版、二〇二一年年報記載）の大枠の中で、「子どもと親が祝福される教会」（二〇年と二一年教会標語）の具体策を模索していました。しかし、コロナで教会活動は滞り、礼拝を守ることしかできませんでした。また、私は一九年八月から血液がんの治療をしながら奉仕を続けていました。本書の説教が始まるタイミングで、二二年九月末で神港教会を辞し、教師を引退する旨が公になりました。「ヘブル人への手紙」の連続講解説教は、私の最後の奉仕日（九月二十五日）に完結しました。

本書の説教がなされていた礼拝において、派遣の祈り＊と本書の祝福（ヘブル一三・二〇〜二一）の祈りが、いつも献げられていました。

「聖なる御父、主イエス・キリストの祈りに倣って、キリストによって希《こいねが》います。あなたは、御子をこの世へと派遣されました。あなたが遣わしたいと願っておられる所へ、それぞれの礼拝の場所から私たちを送り出してください。何処にいても何をしていても、キリストを証しできますように、聖霊によって聖別し、力づけてください。心に潜む罪と外から忍び寄る悪と牙をむく暴力とから、私たちを守ってください。」

＊ヨハネ福音書一七章一六〜一八節をパラフレイズしたもの

この派遣の祈りは、「宿営の外に出て、みもとに行こう」（ヘブル一三・一三）と勧める本書のメッセージと符合していました。礼拝でみことばに養われ、この世へと遣わされ、主日にみことばを求めて、礼拝に戻って来る。あたかも呼吸するがごとくに、みことばを吸って(聞いて)吐いて(実践して)の繰り返しが、執筆者の礼拝観となっています。みことばの学びが、知的満足で終わらず、信仰の生活と人生を支えるものとなることを、切に祈ります。

今回、連続講解説教を行ってみて、本書が読者を励まし慰める説教の書簡であることを実感しました。この本のタイトルを『大祭司イエス・キリストを告げる説教』としました。この書簡が、神港教会で語られ、その説教が今回文字となりました。「ヘブル人への手紙」という説教が、この本を読まれる皆様の心に響き渡りますように、と願っています。

目次

1　語られる神

〈ヘブル一・一～二a〉

「1 神は昔、預言者たちによって、多くの部分に分け、多くの方法で先祖たちに語られましたが、2a この終わりの時には、御子にあって私たちに語られました。」

本日からヘブル人への手紙の連続講解説教が始まります。使徒信条は、「主は……天にのぼり、全能の父なる神の右に座したまえり」と告白しています。これまでマルコ福音書から地上における主イエスのお姿を学んできました。それを踏まえたうえで、この手紙を通して天上における主イエスの祭司としてのお働きを学びたいと願っています。

ヘブル人への手紙となっていますが、手紙として通常あるべき、だれからだれへという挨拶の言葉が冒頭にありません。とはいえ、本書の最後は挨拶で締め括られています。「このような勧めのことばを耐え忍んでください。……あなたがたのすべての指導者たち、また、すべての聖徒たちによろしく。イタリアから来た人たちが、あなたがたによろしくと言っています」（一三・二二～二五抜粋）。本書が、安否を問い合う間柄の中で手紙として記されているのは確かです。

末尾の挨拶に「勧めのことば」とあります。手紙の内容がこのように呼ばれています。この言葉は、使徒の働き（使徒言行録）においてはパウロの説教を表しています。慰め励ます「奨励のことば」のことです（一三・一五）。ですから、本書は説教そのものです。説教原稿が手紙として残された、と理解できます。また一三章には、礼拝での祝福の祈禱が記されています（二〇～二一節）。礼拝の現場が手紙の背景となっています。本書の連続講解中、神港教会の礼拝においてこの祝禱を用います。

手紙ですから、書き手と受取人と書かれた年代がはっきりすれば、内容理解に役立ちます。しかし残念なことに、それらを特定できる外的証拠はなく、定説もなく、緒論に関して何も断定的に語ることができません。あえて紹介すれば、書き手は、ギリシア語が堪能な、パウロではないがパウロに近い人。受取人はエルサレムの教会ではなく、地中海沿岸の教会。執筆年代は六五年から九五年の間ぐらい。注解書を見ると、七〇年のエルサレム神殿崩壊前か後かが多方面から議論されています。また「ヘブル人への手紙」というタイトルは、執筆者が付けたものではありません。後日、写本家が便宜上、挿入したものです。古いものでは二〇〇年ごろの写本に付いていました。なぜこのような手紙が書かれたのか、受取人はどのような教会なのかを本書の内容から推測しながら、読み進めることとなります。

本書には、旧約聖書の引用が本当に多くあります。そして祭司のことが丁寧に取り上げられています。現代人の私たちからすれば、煩瑣《はんさ》な議論と思えるような箇所も少なくありません。きちんと読み進むには、忍耐が必要でしょう。ですが、本書は、議論のための議論をしているわけでは決してありません。手紙の受取人は、旧約聖書の詳細な知識を有し、旧約聖書に魅了されています。彼らに主イエスを信じる信仰を根づかせるためには、旧約聖書を用いてイエス・キリストのすばらしさを指し示すしかありません。そのために説教がなされ、手紙として届けられました。私たちは本書から、旧約時代と新約時代の連続性と断続性、何よりも旧約時代を凌駕する新約時代の福音の豊かさを学びます。

具体的には旧約聖書と新約聖書を取り扱うのですが、私たちは、福音の新しさにとどまり続けることの難しさ、かつて身に付けた思考の枠組みへとどれほど安易に戻っていくのか、これらに対する警告を本書から聞くこととなります。心を新たにして福音を聞き続けないと、私たちは過去へとすぐ逆戻りします。また本書は後半で、初代の指導者の生き様を紹介します。そして彼らを支えていたものとして、福音を語り直します。福音とは、知的理解にとどまらず、生き方に表れるものです。福音の持つ革新的な新しさを理解しているか否か、さらにその新しさを私たちの生き方や考え方を通して表しているか、これらが本書を通して問われることとなります。本日は、語り出しのみことばに着目します。

「神は昔、預言者たちによって、多くの部分に分け、多くの方法で先祖たちに語られまし

たが」（一節）。

本日の説教題は、「語られる神」です。神が語られるという事実が、説教の成立根拠です。説教の立脚点が、「神は……語られました」で始まる冒頭で明確に示されています。神が語られ、私たちは聞きます。これが説教です。神が沈黙しておられるところでは、説教はあり得ません。そして大事なことは、旧約時代も新約時代も同じ神が語り続けておられる、ということです。旧約から新約へと大きな進展はありますが、内容に矛盾はありません。本書の冒頭において、「昔、預言者たちによって」と「終わりの時には、御子にあって」が対比されています。旧約時代、大勢の預言者たちによって、「多くの部分に分け」、つまり旧約時代の長い歴史の様々な場面で、また「多くの方法」でつまり嵐や雷や力あるわざを伴って、あるいはささやくような小さな声で、ユダヤ人の先祖たちに神は語られました。

「この終わりの時には、御子にあって私たちに語られました」（二節a）。

新約時代、「私たちに」神は語っておられます。「私たち」とは、著者と読者の両者を含むヘブル人の教会のことです。「ヘブル人への手紙」という表題を、民族的な意味でのヘブル人（ユダヤ人）に限定する必要はありません。旧約聖書に慣れ親しんでいる異邦人も、「私たち」に含まれています。旧約時代にユダヤ人に語っておられた神が、今、キリストの教会に属する私たちに語り続けておられる。この確信が手紙全体を貫いています。

旧約時代の神の多様な語り方に比べると、新約時代の神の語り方はシンプルです。神は、「御子にあって私たちに語られました」。神は今、天上で神の右に座しておられる御子にあってお語りくださいます。新約時代に生きる私たちにとって大事なことは、御子にあって、御子によって、神の御声を聞くことができるということです。著者は、この一点に集中して論を進めます。新約時代に夢や幻が用いられることもあったのですが、それは例外的なもので、私たちが自分から求めるべきものではありません。神が御子にあって語られるとはどれほど恵み深いことなのか、著者はこのことに圧倒されています。御子と御父との関係は、預言者と神との関係とは比べようもないほど親密です。御子は、神のふところに抱かれているお方です（ヨハネ一・一八）。御子による以上の啓示はあり得ません。

そしてこの啓示の卓越性は、「昔」との対比で今が「この終わりの時」と呼ばれることに表れています。長い間の旧約の備えがあり、御子が到来し、完全な救いのみわざを成し遂げてくださいました。旧約の旧《ふる》い契約は使命を終え、新約の新しい契約が始まっています。救済の歴史は、御子の十字架と復活によって終わりの時代に突入しています。受肉され天上にのぼられた御子によって天と地は結ばれ、御子にあって地のすべての上に神の主権が輝いています。この御子にあって神が語られるとは、終末的な出来事です。今神の御声を聞くためには、駆け寄ってくださった御子を受け入れ、御子を信じ、御子に結ばれていることが必要です。御子から離れて、神の御声を聞くことはできません。

当時、シナゴーグに行くと、巻物として保存された旧約聖書がありました。そこで読まれる旧約聖書はまさに神のことばであり、大いなる伝統です。その権威は、寄りかかることができる大木です。他方、当時の教会にパウロの手紙や福音書があったかもしれませんが、詳細は分かりません。今日のような新約聖書が成立するのは、だいぶ後になってからです。ヘブル人の教会にあったのは、印刷された聖書ではなく、福音を語る指導者でした。

＊　　＊　　＊

ヘブル人の教会の創始者は、しっかりと福音を伝えました（一三・七）。シナゴーグではない、キリスト教会が建ち上がっていました。ところが指導者が変わるなかで、本書の受取人は、御子に結ばれて語る新約の指導者の声よりも、旧約聖書のことばを重んじる誘惑と向き合っていたのでは、と思われます。新約の福音から離れ、慣れ親しんでいた旧約聖書の枠組みへと後退してしまうなら、教会崩壊の危機です。その中で、ある指導者が、教会の現状を憂い、説教を記し、手紙として教会に届けました。復活され天にのぼられたキリストが、いかに優れた救い主であるかを、彼は旧約聖書から熱烈に語りました。旧約聖書を読む者は、必ず御子イエス・キリストに導かれます、と。その説教が、ヘブル人への手紙として新約聖書に組み込まれ、私たちの手元にあるとは何という幸いでしょうか。本日より神は、本書を通して私たち神港教会にお語りくださいます。耳を澄まして、神が御子にあって語られる、慰めと励ましと警告に聴き入りましょう。

2　万物を支えることば

〈ヘブル一・二b～三〉

「2b 神は御子を万物の相続者と定め、御子によって世界を造られました。3 御子は神の栄光の輝き、また神の本質の完全な現れであり、その力あるみことばによって万物を保っておられます。御子は罪のきよめを成し遂げ、いと高き所で、大いなる方の右の座に着かれました。」

本日の箇所は、本書の始まりの部分です。人前で何かを語る場合、昔も今も変わらないと思われますが、冒頭で難しいことを話しません。聴衆の方々と共通理解が成立している事柄に触れ、そのことを確認するような言葉を述べます。本日の箇所を一読すると、私たちからすれば難しい言葉が記されています。ですが、最初の読者にとって、冒頭のこの部分は、既知のものだったはずです。

ドイツの権威ある原典聖書は、旧約引用ではないにもかかわらず、一章三～四節を引用文のスタイルで記しています。確証は取れていませんが、この箇所は当時の賛美歌を引用している、という学説があります。著者は、説教の冒頭において、非常に整えられた言葉と構文で御子のすばらしさを高らかに謳《うた》い上げています。聞くだけで、だれもがアーメンと応答できる内容であったことは、確かでしょう。

「神は御子を万物の相続者と定め」（二節b）。

「イエス」という名前が本書に登場するのは、二章からです（九節）。それまでは「御子」という言葉で、イエス・キリストの働きと本質が紹介されています。相続者としての御子の働きが強調されています。相続するとは、受け継ぐということで、旧約聖書のキーワードの一つです。アブラハムは、約束の地を受け継ぐために旅に出ました。本書には、たびたび「受け継ぐ」が登場します。受け継ぐものは、「救い」（一・一四）、「約束のもの」（六・一二、参照一一・九）、「永遠の資産」（九・一五）、「信仰による義」（一一・七）、「祝福」（一二・一七）と多様です。御子が受け継ぐ万物とは、被造世界のすべての物というだけでなく、神がなさるみわざのすべてとも理解できます。そして大切なことは、御子に連なる者は、御子が受け継がれたすべてを、御子から手渡されるような仕方で受け継ぐ、ということです。

「御子によって世界を造られました」（二節b）。

御子がどのようなみわざをなさるかが明らかにされています。神の知恵、神のことば、神のロゴスによって神が創造された、このことは当時受け入れられていました。今日的に理解しても、世界は、数式を含め、何らかの法則によって成り立っていると言えます。初代教会は、神の知恵のことばによる創造を、御子の人格と働きを介しての創造である、と理解し直しました。福音書に記されている主イエスは、まことの人であり、まことの神です。父なる神が世界を創造された際、御子イエスも神としてそのみわざに参与しておられました。

「御子は神の栄光の輝き、また神の本質の完全な現れであり」（三節a）。

御子がどのようなお方であるかが三節で二つの言葉によって示されています。「神の栄光の輝き」とあります。神の栄光が御子を通して世に現されます。御子は、ご自分の中に神としての光を持っておられます。ご自身で神の光を輝かすことのできるお方です。古代のニケア信条は、御子イエスを「光の光」と告白しました。私たちを神の光で照らしてくださいます。また、「栄光」という言葉は、旧約聖書において礼拝との関わりで用いられます。幕屋に満ちた、神殿に満ちた、とあります。神の栄光が現れるとき、人々は心から神を礼拝しました。その神の栄光が御子イエスにおいて輝いています。これはとりもなおさず、御子イエスにおいて神を礼拝するということです。私たちはここへと招かれています。

また「神の本質の完全な現れ」とは、神ご自身が御子イエスにおいてご自分の本質を完全に現してくださる、ということです。神はご自分のすべてを、十字架で死んで復活し、神の右に着座された御子に託されました。私たちは、神のことばを御子にあって聴くように、神の姿を御子の中に見るのです。

ところで「輝き」という言葉の原語には、二つの意味があります。光を発することと光を反射することです。私たちは『ウェストミンスター小教理問答』問一において、人生の目的を「神の栄光をあらわし、永遠に神を喜ぶ」（新教出版社）と告白しています。自分の栄光ではなく神の栄光をあらわすという趣旨は理解できますが、自分みたいな土くれにすぎない者が神の栄光を本当にあらわせるのかと問うと、おこがましい気がします。実は私たちが何かをする前から、神の光が私たちを照らしているのです。私たちが信仰の心を神に向けるとき、私たちは神の光の反射板となり、神の光を世にあらわすことができます。ちなみに、『ウェストミンスター小教理問答』の袴田康裕訳では、「神の栄光をたたえ」となっています。神の栄光をあらわすとは、私たちが神の栄光をたたえることです。

「その力あるみことばによって万物を保っておられます」（三節a）。

御子は、ご自分の「力あるみことばによって」今も万物を保っておられます。御子のことばには、万物を支える力があります。創造と保持、この両者の働きが御子イエスに帰されています。福音書には、嵐を静めたり、病気を癒やしたりされる主イエスの奇跡が数多く記されています。自然界も主イエスのことばに従います。主イエスは、自然界に働きかけることができ、人間の肉体の事柄にも力を発揮することがおできになります。それは、主イエスが創造者であり、自然界をも私たちの肉体をも保持しておられる御子だからです。

私たちは今、コロナの収束を祈っています。当時の教会は、迫害からの守りを祈っていました。コロナも迫害も、私たちの外側から迫り寄るものです。このようななかでは、心を見つめるだけの信仰は輝きを失い、いつかは心の袋小路に陥ってしまいます。外なる世界もまた御子のことばによって支えられている、この確信が大切です。私たちは、創造と保持を司っておられる御子イエスに信頼を置いているから、どのようななかにあっても心から祈ることができます。

「御子は罪のきよめを成し遂げ、いと高き所で、大いなる方の右の座に着かれました」（三節b）。

御子のお働きとして、創造と保持に続き、罪のきよめが取り上げられています。罪をきよめることは、大祭司の働きです。ある文学的な工夫をもって、これから展開される大祭司論という中心主題が紹介されています。

「御子によって世界を造られました」と「御子は罪のきよめを成し遂げ」という文章には、同じ動詞が用いられています。それが分かるように言葉を補って訳すと、世界を創造するわざを行う、また罪をきよめるわざを行う、となります。本書は、御子による創造と御子による罪のきよめをリンクさせて語っています。父なる神は、創造された世界が罪に汚れたとき、その世界を罪からきよめるために、御子を遣わしてくださいました。御子による罪からのきよめにより、神との関係が回復します。その際の神とは、御子によって世界を造られた創造主です。創造主なる神との関係を回復することは、とりもなおさず、人と世界との関係が回復されることです。また、御子が私たちの罪をきよめてくださったのは、御子が受け継がれたものを、私たちが本当に受け継ぐことができるようになるためでした。そして、地において罪のきよめを成し遂げた御子は、次週改めて学びますが、天において神の右に着座しておられます。

＊　＊　＊

本書の背景には、迫害の影が映っています。迫害下の教会はどのようにして耐え、信仰を守ったのでしょうか。苦しくてもなぜ信仰にとどまることができるのか。答えは単純明快です。御子イエスがすばらしいお方だからです。嫌なことや辛いことがあっても、集会に集い、イエス・キリストをみことばから学び、賛美を共にし、皆で「アーメン」と唱和します。本書はそれを怠らないようにと勧めています（一〇・二五）。御子イエスは、天地を造り、保持し、私たちをきよめ、すべてを受け継がせてくださいます。この尊いお方の救いから漏れてはならない、と著者は読者を励まします。

天地を造られた神の栄光が、十字架において人の罪を担われた御子イエス・キリストの中に輝いています。人々の苦しみや悩みに寄り添われた主イエスの中に、創造主なる神の本質が完全に現れています。何一つ欠けることのない神の本質を、受肉し人となられた御子の中に見出すこと、これがキリスト教信仰の醍醐味です。このことを確信すること、それが信仰です。そこへと本書は読者を導こうとしています。

神は「御子にあって私たちに語られ」（一・二）、また御子は「その力あるみことばによって万物を保っておられます」（同三節）。物事を説明するような言葉とは全く違う、万物を支えるみことばの力に、私たちは本書を通して触れています。私たちの生活と人生は、主日ごとに解き明かされる聖書のみことばによって支えられています。御子によって語られる神のことばを聞き、神をほめたたえましょう。

3　自尊心の回復

〈ヘブル一・三b〜六、一三〜一四〉

「3b 御子は罪のきよめを成し遂げ、いと高き所で、大いなる方の右の座に着かれました。
4 御子が受け継いだ御名は、御使いたちの名よりもすばらしく、それだけ御使いよりもすぐれた方となられました。
5 神はいったい、どの御使いに向かって言われたでしょうか。
『あなたはわたしの子。
わたしが今日、あなたを生んだ』
と。またさらに、
『わたしは彼の父となり、
彼はわたしの子となる』
と。6 そのうえ、この長子をこの世界に送られたとき、神はこう言われました。
『神のすべての御使いよ、彼にひれ伏せ。』」

………

13 いったいどの御使いに向かって、神はこう言われたでしょうか。
『あなたは、わたしの右の座に着いていなさい。
わたしがあなたの敵をあなたの足台とするまで』
と。14 御使いはみな、奉仕する霊であって、救いを受け継ぐことになる人々に仕えるために遣わされているのではありませんか。」

福音書において、主イエスの誕生と復活の時、御使いが登場します。古代の人は、人間にまさる霊的存在者としての御使いに強く心を惹かれていたことでしょう。今日においても同じような状況ではないかと思われます。ポケモンをはじめアニメの世界には、人間を超えた存在としての天使的、悪魔的キャラクターがあふれています。子どもたちだけでなく大人をも巻き込んで、多くの人が熱中しています。本書は、御使いのすばらしさが受け入れられている文化的背景において、御使いにまさる御子イエスの卓越性を旧約聖書から論証していきます。本日は、もう一度三節に立ち返り、本書の中心的な主題を確認し、御使いと御子イエスとの対比を四～六節、一三～一四節から学びます。

「御子は……いと高き所で、大いなる方の右の座に着かれました」（三節b）。

文法的な説明で恐縮ですが、三節には分詞形が多用されています。その中で唯一の動詞は

「着く」です。「大いなる方の右の座に着かれました」、ここに著者の力点が置かれています。「大いなる方」とは神のことです。使徒信条が告白している「全能の父なる神の右に座したまえり」の聖書的根拠となっています。三節によると、御子は天地創造に参与された永遠なるお方で、天地創造の前から存在しておられる神です。その御子が受肉し、この地に来られました。地上において十字架で罪のきよめをし、よみがえり、天にのぼり、そして今、神の右に着座されました。福音書は受肉・十字架・復活・昇天を歴史的事実として記しています。この流れで理解すると、神の右への着座もまた本当に起こった出来事です。十字架と復活を信じる私たちキリスト者は、御子イエスが今、神の右の座に着いておられることをも信じます。

ただ、「神の右」という言葉には、注意が必要です。イメージを膨らませると、中央に神の椅子があり、右と左に別の椅子があり、その右の椅子に座られた、となるかもしれません。しかし、そうではありません。カルヴァンは、場所的に考えてはならないと語っています。天における神の御座はただ一つです。「右」という言葉は比喩的な意味です。右利きの人にとって右手が力を象徴するように、右の座は権能を表します。「右の座に着座された」とは、父なる神の御国の権能がすべて御子に委ねられた、という意味です。受肉して来られ、地上で十字架において救いのみわざを成し遂げられた御子が、今、天において神の全権を委ねられています。この厳かな宣言を心に留めましょう。

「御子が受け継いだ御名は、御使いたちの名よりもすばらしく……」（四節）。

四節で御使いと御子の比較がなされ、それが一四節まで続きます。もしかしたら、本書の読者の中には、「主イエスはすばらしい、御使いのようだ」という言い方をする人がいたのかもしれません。主イエスが天上に着座されたと語るとき、天上の主イエスと天にいる御使いとの区別が曖昧になっていた可能性があります。本書は、両者の違いが際立つように、イエスと御使いとの対比を御子と御使いとの比較で語ります。一番すぐれた御使いが御子と呼ばれるのではありません。父なる神との関係性において、御子は御使いとは比べようがないほどにすぐれています。

「神はいったい、どの御使いに向かって言われたでしょうか。『あなたはわたしの子。わたしが今日、あなたを生んだ』と。……『神のすべての御使いよ、彼にひれ伏せ』」（五～六節）。

邦訳聖書では分からないのですが、ここには単数形と複数形の使い分けがなされています。旧約聖書に神の子らという複数形の子どもが登場します。その場合、御使いたちと理解されることがよくあります。単数形の「御使い」の用法はまれです。五節は問いかけです。複数形の「御使いたち」のだれか一人に向かって、神が「あなたはわたしの子」と言われたことがあったか、という修辞疑問文です。なかったと否定で答えねばなりません。御子だけが神から「わたしの子」と呼ばれます。「今日、あなたを生んだ」は詩篇二篇の引用です。「生んだ」とありますが、王の即位戴冠式が背景となっています。意味は、神の右への着座と同じです。五節後半の引用はサムエル記第二、七章で、ダビデ王家への約束として語られたものです。主イエスはダビデの子としておいでくださいました。マタイとルカの両福音書の誕生物語で強調されています。本書は二つの旧約聖書引用において、御父である「わたし」と、御子である「あなた」に強調形を用い、両者の深い関わりを表しています。そして六節は、すべての御使いは長子である御子にひれ伏せと呼びかけます。ひれ伏すとは、礼拝行為です。御子は、御使いの礼拝を受ける神です。

「いったいどの御使いに向かって、神はこう言われたでしょうか。……」（一三節）。

一三節は、五節と同じ修辞疑問文です。御使いのだれかに向かって、「神の右に座っていなさい」と神は語ったことがあったか、ということです。答えは「ない」です。御子にのみ語られる言葉です。引用文は、王の即位式で用いられる詩篇一一〇篇です。新約聖書では十五回も、うち四回は本書で引用されています。御子である主イエスの着座を表す詩篇として、初代教会に定着していました。神の右への着座（三節）を語る聖書的根拠が一三節です。また、「わたしがあなたの敵をあなたの足台とするまで」とあります。すべての敵が御子にひざまずくのは、まだ先のことです。終末の完成において実現されます。この詩篇は、主イエスの十字架、昇天、着座という出来事だけでなく、終末を見据えて語っています。

「御使いはみな、奉仕する霊であって、救いを受け継ぐことになる人々に仕えるために遣わされているのではありませんか」(一四節)。

御使いは人に奉仕し仕える霊ではないか、と問いかけています。一四節は、「ハイ、そうです」と肯定で答えられるものです。御使いは尊い存在とみなされていました。著者の問いは、その御使いと人とどっちがより尊いのか、です。御使いは人に仕えているのですから、人のほうがもっと尊い、これが答えです。救いを受け継ぐことになっている人が本当にその救いを受け継げるように、御使いは遣わされたにすぎません。御使いが願っていることは、人がキリストの救いを受け継ぐことだけです。「受け継ぐことになる」は原文では、「まさに受け継ごうとしている」です。幾つかの英訳聖書は未来形で訳しています。終末における救いの完成を受け継ぐという意味です。

ここで一章の冒頭から語り口を振り返ってみましょう。御子はすべてを受け継ぐ相続者です(二節)。長子です(六節)。当時の社会において、長子がすべてを受け継ぎます。主イエスが御子として、長子として、終末の完成の時に、すべてを受け継ぎます。著者が語っていることを言い換えてみましょう。「御子と御使いとどちらが立派か、このような議論はもうやめましょう。御子に決まっています。そして、どうか自分の尊さにもっと目を向けてください。あなたがたが尊いと思っている御使いが仕えるのが、あなたがたです。」

本日の箇所を思い巡らしていましたら、ローマ人への手紙のある箇所が心に浮かびました。「だれが、私たちを罪ありとするのですか。死んでくださった方、いや、よみがえられた方であるキリスト・イエスが、神の右の座に着き、しかも私たちのために、とりなしていてくださるのです」(八・三四)。私たちの救い主が、神の右に着座し、神から一切の権能を委ねられ、私たちの罪のために今もとりなしてくださっています。どのような心配事があろうとも、日々の生活で自分の至らなさにため息をつくことがあったとしても、罪深い自分が悲しくなったとしても、私たちの救い主が神の右におられ、とりなし、見守ってくださっています。私たちは、垂直的な仕方で天を見上げ、水平的な仕方で終末の完成を見つめ、心を目いっぱい広げます。私たちは、小さな惨めな短い人生を生きているのではありません。

＊　　＊　　＊

もし仮に私たちが御使いをどれほど高く評価したとしても、その御使いより尊いのが私たちです。私たちは御使い以上の存在として神との交わりに招かれています。御使いと御子イエスを比較する議論の眼目は、父なる神との関係性において、すべてを凌駕する御子イエスの卓越性を認識させることにありました。私たちキリスト者は、御子イエスのすばらしさを私どこまで心に刻んでいるでしょうか。その御子が私たちのために死んでくださいました。私たちが、父なる神との関係を回復するためです。そこまでしていただける私たちは、神の御前にどれほど尊い器なのでしょうか。自らの自尊心を御子イエスにあって回復させましょう。

4　変わることのない確かさ

〈ヘブル一・七〜一二〉

「7また、御使いについては、
『神は御使いたちを風とし、
仕える者たちを燃える炎とされる』
と言われましたが、8御子については、こう言われました。
『神よ。
あなたの王座は世々限りなく、
あなたの王国の杖は公正の杖。
9
あなたは義を愛し、不法を憎む。
それゆえ、神よ、あなたの神は、
喜びの油で、あなたに油を注がれた。
あなたに並ぶだれよりも多く。』
10
またこう言われました。

『主よ。
あなたははじめに地の基を据えられました。
天も、あなたの御手のわざです。
11 これらのものは滅びます。
しかし、あなたはいつまでもながらえられます。
すべてのものは、衣のようにすり切れます。
12 あなたがそれらを外套のように巻き上げると、
それらは衣のように取り替えられてしまいます。
しかし、あなたは変わることがなく、
あなたの年は尽きることがありません。』」

この箇所の大半は詩篇を主とした旧約聖書からの引用です。ただし、この手紙における引用は、ギリシア語訳旧約聖書からです。私たちが今手にしているのは、ヘブル語から訳された旧約聖書です。両者は違っている場合がありますが、細かい点には触れずに進みます。では、なぜ本書はこのように旧約聖書を取り上げるのでしょうか。それは、神は聖書を通して語られる、という信仰があるからです。当時聖書といえば、旧約聖書でした。聖書に寄り添いながら語る、この姿勢が本書に貫かれています。聖書から神のことばを聴く、これが主イエスの説教の基本であり、初代教会の説教のあり方です。本書の説教は、私たちが踏襲するべき模範です。

内容的には、一章四節から始まっている御子と御使いとの比較が一四節まで続いており、論旨は前回とほぼ同じです。本日は、著者の詩篇引用の仕方を具体的に学び、初代教会がどのように詩篇を読んでいたかに思いを馳せます。

「また、御使いについては、……と言われましたが、御子については、こう言われました」（七〜八節a）。

七節は御使いについての言葉で、八節以降は御子についての言葉です。一方で、他方で、と明確な対比として語られています。御子について語られている部分が一二節まで続きます。御使いを「風とし」「燃える炎とされる」とは、神が「風として、燃える炎として」御使いを造った、という意味です。御使いは被造物にすぎません。他方、御子は神から生まれたお方です（五節）。風と燃える炎であるとは、一時的なものであり、実体としてとらえにくく、変わるものです。炎はいつか消えるものです。御使いは神に「仕える」尊い器ですが、本書はこれらの言葉で、御使いの脆さ、はかなさを表しています。

「神よ。

あなたの王座は世々限りなく、
あなたの王国の杖は公正の杖。
あなたは義を愛し、不法を憎む。
それゆえ、神よ、あなたの神は、
喜びの油で、あなたに油を注がれた。
あなたに並ぶだれよりも多く」（八b～九節）。

王に向かって語られた詩篇四五篇からの引用です（六～七節）。本書によれば、この詩篇は、油を注がれたメシア的王について語っており、「あなた」で御子を指し示しています。「あなたの王座」と「あなたの王国」は、御子のものです。「杖」は「笏」と訳されることもあります。支配の象徴です。「公正の杖」による支配は、真っ直ぐで、揺らぐことがありません。そして「世々限りなく」永遠に続きます。

ここで着目すべきは、「神よ」という言葉です。解釈上の問題があります。「神」を主語として理解すると、神が御子に「あなた」と呼びかけていることになります。他方、教会は、伝統的に「神よ」という呼びかけとして受けとめてきました。すると、「神よ、あなたの」と続く文章は、御子が「神よ」と呼びかけられていることになります。この翻訳は、御子の神性を表しています。

御子の統治の内実は、「義を愛し、不法を憎む」ものです。本書はこの言葉で、主イエスの地上の歩みすべてを思い巡らしています。御子である主イエスは、地上のご生涯において、義を愛し、不法を憎み、神に従い抜かれました。御子イエスは、油を注がれたメシア・キリストであり、今、天においてもすべての者にまさって比類なき仕方で神に愛されている救い主です。

「主よ。
あなたははじめに地の基を据えられました。
天も、あなたの御手のわざです」（一〇節）。

一〇節から一二節は、詩篇一〇二篇の引用です（二五～二七節）。「あなたははじめに地の基を据えられました」とあるとおり、この詩篇は天地創造の神のみわざを語っています。ところが本書においては、八節の「御子については、こう言われました」が一〇節にもかかっており、「主よ。あなたははじめに地の基を据えられました」の「あなた」は御子を指しています。御子による創造が語られています。創造のみわざへの御子の参加は、「神は……御子によって世界を造られました」（一・二）と、本書の冒頭で述べられていました。

「主」という言葉は、旧約聖書ではヤハウェなる主なる神の呼び名です。他方、新約聖書は百回以上も「主イエス」という言葉を用いています。福音書は復活後のイエスを主イエスと記します（マルコ一六・一九、ルカ二四・三）。主イエスという言い方は、実は、「ヤハウェなる主なる神であるイエス」という重厚な信仰告白です。復活して神の栄光を受けておられるイエスこそ、「神の本質の完全な現れであ」る御子です（ヘブル一・三）。初代教会において、一〇二篇の「主よ」を「主イエスよ」と読み替えて理解することが成立していたのではないかと思われます。

「これらのものは滅びます。
しかし、あなたはいつまでもながらえられます。
すべてのものは、衣のようにすり切れます。……
しかし、あなたは変わることがなく、
あなたの年は尽きることがありません」（一一～一二節）。

「これらのもの」とは、一〇節で取り上げられた「地の基」であり、「天」です。神は地に基礎を据え、創造において地を揺るがないものとされました。「基」とは、雨や洪水や風から家を守る岩の上の土台（マタイ七・二五）のことであり、「不動」（Ｉペテロ五・一〇）と訳されることもあります。それほど堅固なものが、ここでは「滅びます」と語られています。これはレトリックです。変わらないはずの大地の基でさえ、あなたの変わりなさと比べるなら、滅びるほど脆いものです、となります。本文の強調点は、「しかし、あなたはいつまでもながらえられます」にあります。この「あなた」とは御子のことです。またすべてのものは、衣のように時間の中ですり切れていきます。服を着替えるように変わっていきます。「しかし、あなたは変わることがなく、あなたの年は尽きることがありません」と続きます。文頭に置かれている「あなた」は強意形です。構文も単語も、御子がいかに変わらないお方であるかを、これ以上表しようがないほど強調しています。

メシア預言でない詩篇一〇二篇に主イエスを認めることは、今日の聖書学からすれば、強引な読み込みと非難されることがあります。しかし大切なことは、今日の視点より、初代教会がこの詩篇をどのように読んでいたかという事実に心を向けることです。著者個人の独創的な思いつきであれば、読者への説得は難しかったでしょう。資料的な裏づけは困難ですが、著者が自分で詩篇から選び出したというよりは、当時詩篇から主イエスを語る聖句集のようなものがあり、それに依拠しているのでは、という説もあります。

本書の詩篇引用は、すでに初代教会に定着していた読み方を紹介していると理解できます。そうであるとすれば、読者は違和感を抱かず同意できたことでしょう。「御子イエスよ、あなたは創造のみわざに参与しておられる主なる神です。アーメン。あなたは今確かに天の王座に座しておられます。アーメン。義を愛し不法を憎む御子イエスよ、あなたの公平な支配は永遠です。アーメン。あなたこそ変わらないお方です。アーメン」と、読者から信仰的な応答が立ち上がってきたことでしょう。

＊　　＊　　＊

昔と今では状況が大きく異なります。本書執筆の当時、社会には確固たる変わらざる何かが存在していました。それが御使いであったり、大地であったり、天であったりしました。著者は詩篇を用い、神のメッセージとして、本当に変わることがないのは御子のみである、と読者を諭します。変わりゆくものを変わらないと勘違いし、変わらない御子の本質と誠実さを過小評価することなど、あってはならないことでした。

今日、私たちは変わらないものを探すことが難しいような時代に生きています。特に新型コロナの流行となり、経済的見通しや健康状態は突如として激変することを肌身に感じています。また環境破壊や地球温暖化によって、自然界の秩序も変わりつつあります。このようななかで、すべては変わっていくと思っている人に、御子こそは変わらないお方であると主張することは、昔と比べ、より困難なことかもしれません。

そうではありますが、教会は、ある意味で愚直に聖書を解き明かします。説教の成立根拠は、神のことばは確かで変わらないという信仰です。この信仰に立ち、聖霊の働きに拠り頼み、教会は聖書の語りかけを届けます。周りの状況や私たち自身がどれほど変わろうとも、変わることのない主イエスが、いつも寄り添っていてくださいます、と。病気が悪化したとしても、死が迫ってきても、死によって滅ぼされなかった主イエスが共にいてくださいます、と。著者が、手紙の冒頭で読者と共有したかったキリスト教信仰のエッセンスを、私たちもしっかり受けとめましょう。

5　大切なことを聞き分ける

〈ヘブル二・一～四〉

「1こういうわけで、私たちは聞いたことを、ますますしっかりと心に留め、押し流されないようにしなければなりません。2御使いたちを通して語られたみことばに効力があり、すべての違反と不従順が当然の処罰を受けたのなら、3こんなにすばらしい救いをないがしろにした場合、私たちはどうして処罰を逃れることができるでしょう。この救いは、初めに主によって語られ、それを聞いた人たちが確かなものとして私たちに示したものです。4そのうえ神も、しるしと不思議と様々な力あるわざにより、また、みこころにしたがって聖霊が分け与えてくださる賜物によって、救いを証ししてくださいました。」

本日の説教題は、「大切なことを聞き分ける」です。漢字には、「聞く」と聴覚の「聴く」があります。耳をそばだてて聞く場合は「聴く」です。「聴く」には、「聴従」という言葉があります。聴くことは従うことです。

また声なき者の声を聞かねばならない、とも言われます。今日、何を聞き、何を聞き流し、だれから聞き、だれの言葉に従うのでしょうか。情報が溢れているこの時代、これは思いのほか難しい問いです。ネット社会となり、聞きたいことばかりを聞き続ける傾向が強まっています。このようななか、説教を聴くことの意義に思いを向けましょう。

「こういうわけで、私たちは聞いたことを、ますますしっかりと心に留め、押し流されないようにしなければなりません」（一節）。

二章は、「こういうわけで」という言葉で始まっています。一章の続きです。一章冒頭には、「神は昔、預言者たちによって……先祖たちに語られましたが、この終わりの時には、御子にあって私たちに語られました」（一〜二節ａ）とありました。この終わりの時に、今、神が御子にあって語られるのであれば、「ますますしっかりと心に留め……なければなりません」と、著者は襟を正して聞くことを強く勧めています。それができないと、「押し流され」てしまいます。「聞いたこと」を直訳すると、受動態で「聞かされたこと」となります。この言い方は、聞くに先立つ、語り手の存在を指示しています。語りかけてくださる方がいて、聞くことができます。

「心に留め」よ、「押し流され」るな、と言葉が重ねられています。実はどちらも、航海で用いられる用語です。「心に留める」とは、船が港に停泊するさま、あるいは、目的地に向かって順調に海を進んでいるさまを表します。「押し流される」は、「漂流する」です。とどまるべき港にとどまれず、進むべきコースを進めず、海の波と風に流されるばかりです。目的地にたどり着くことはできません。

古代社会において、海の運行は本当に危険で、漂流は死と結びついていました。私たちは、天の都を目指す旅人として、途中で漂流し難破することがないように、聞くことに細心の注意を払わねばなりません。

「御使いたちを通して語られたみことばに効力があり、すべての違反と不従順が当然の処罰を受けたのなら、こんなにすばらしい救いをないがしろにした場合、私たちはどうして処罰を逃れることができるでしょう」（二～三節a）。

「御使いたちを通して語られたみことば」とは、十戒を中心とした旧約聖書のことです。当時、御使いが仲介役となって、神のことばが届けられたと信じられていました。旧約聖書には、十戒を守らない際の罰則規定があります。イスラエルの民は、神のことばに従わず、様々な罰を神から受けました。読者はそのことをよく知っています。御使いへの言及は、一章の論説を踏まえてのことです。御子は御使いよりすぐれています。御子より劣る御使いによって語られたみことばに背いても、当然の処罰が科せられました。そうであるとしたら、御子のことばをないがしろにした場合はどうなるのか、と著者は危機感をもって読者に問いかけます。原文ではここは修辞疑問文です。答えは、「だれも処罰から逃れられない」です。

ところで著者は、裁きを語るだけでは、本当の聴従は生じないことをわきまえています。なぜみことばへの聴従が疎かになるのか。裁きを知らないのか。それだけではない。もっと知るべきことがある。そして、御子が与えてくださった「こんなにすばらしい救い」と語り出します。これ以上に大きな救いはないほどにすばらしい最高の救いです。これほど大きな救いを目の前にして、それでもその教えをなおざりにするのか、と読者に迫ります。著者は、裁きの怖さよりもむしろ、御子による救いの偉大さを語ることにより、御子のことばに耳を傾けさせようとしています。そして、救いについての具体的な論述は五節から展開されます。

「この救いは、初めに主によって語られ、それを聞いた人たちが確かなものとして私たちに示したものです」(三節b)。

主イエスは昇天され、もう何十年も過ぎています。著者は、主イエスから直接に教えを聞いた愛弟子ではありません。執筆時には、「私たち」の教会に、直接、主イエスからお話を聞いた者はもういなくなっていたと思われます。そのような中で著者は、教会で語られるすべては「初めに主によって語られ」たものです、と読者の思いをまず主イエスに向けさせます。「私たち」には、著者と読者の両者が含まれています。

三節bと四節は、「こんなにすばらしい救い」の説明句です。「初めに主によって語られ」と「神も……救いを証ししてくださ」るとの間に、「それを聞いた人たち」への言及があります。彼らは、ヘブル人の教会の基礎を築いた初代の指導者たちです。彼らが教会にとってどれほど重要な存在であったかは、「神のことばをあなたがたに話した指導者たちのことを、覚えていなさい」（一三・七）と勧められていることからも分かります。救いの福音は、主イエスの語りかけから始まり、「聞いた人たち」へと伝えられ、そして、彼らから「私たち」に「確かなものとして」届けられました。

この確かさは、直訳すれば、「踏み固められたもの」です。地面は踏み固められ、確かな道となります。またこの言葉は法律用語でもあります。反対論を封じる確かな証拠というような用例があります。主イエスから始まった救いの確かさは、神が先輩の信仰者の人生をかけた証しを用いて証明なさいます。これが教会の歩みです。

ある有名なキリスト者の知識人が、「なぜ復活のような非合理的なことを信じるのか」と質問を受けました。彼は単純に、「お祖父《じい》さんとお父さんが教えてくれたから」と答えたということです。復活を信じるお祖父さんの生き方。またお父さんの生き方。彼らが人生をかけて踏み固めたもの。その福音を、彼もまた確かなものと受けとめ、信仰の道を歩んでいます。

私たちが出会った信仰の先人が人生をかけて確かなものであると示してくれたので、私たちは信仰を持つことができました。私たちが信仰の人生を振り返るとき、また神港教会の歴史を顧みるとき、納得できるのではないでしょうか。ですから、私たちの人生は、自らの足で福音の道を一歩一歩踏み固めて、「ここは確かだよ、ついておいで」と後ろの人に声をかける歩みでありたい、と切に願います。

「そのうえ神も、しるしと不思議と様々な力あるわざにより、また、みこころにしたがって聖霊が分け与えてくださる賜物によって、救いを証ししてくださいました」（四節）。

福音は、主イエスから始まり、教えを聞いた先人から私たちに届けられました。そして著者は、「そのうえ神も」と最後に神ご自身を証人に立てます。しるしと不思議なわざ、様々な奇跡が福音書に記されています。それらは、主イエスのことばの確かさを証しするために、神が与えてくださったものです。また、使徒の働き（使徒言行録）にも多くのしるしと奇跡が描かれています。パウロは、「キリストが私を用いて成し遂げてくださったこと」を語る文脈で、「しるしと不思議を行う力と、神の御霊の力」に言及しています（ローマ一五・一八〜一九）。

「聖霊が分け与えてくださる賜物によって」は、聖霊そのものが与えられることと、聖霊の様々な賜物が与えられることと、二つの解釈の可能性があります。どちらにせよ、ここに聖霊への言及があることは重要な意味を持っています。神は、ご自身の「みこころにしたがって」聖霊を分け与えてくださいます。福音の確かさは、信仰の先人を通して届けられますが、それが本当に確かであるという確信は、神ご自身が聖霊を通して与えてくださるものです。神は、聖霊を信徒各自に分かち与え、主イエスから始まった「こんなにすばらしい救い」の確かさを証ししておられます。つまり、父・子・聖霊なる三位一体の神ご自身が証ししておられます。

＊　＊　＊

裁きを語り不安に突き落とす教えと、漂流から救う警告の教えとを聞き分けることができる耳を、聖霊によって開いていただきましょう。私たちは、自らが漂流し難破することを恐れ、厳しい言葉にも真摯に耳を傾けます。そしてそれ以上に、「こんなにすばらしい救い」に心魅せられ、身を乗り出すようにして聴きます。福音のすばらしさを理解し、それが確かなものであると確信できるなら、手放すことは決してありません。この確信に至るために、昔も今も説教がなされています。そして毎週の説教において、「私たちは聞いたことを、ますますしっかりと心に留め」ましょう。

6　低くされた者の栄誉

〈ヘブル二・五〜九〉

「5というのも、神は、私たちが語っている来たるべき世を、御使いたちに従わせたのではないからです。6ある箇所で、ある人がこう証ししています。
『人とは何ものなのでしょう。
あなたがこれを心に留められるとは。
人の子とはいったい何ものなのでしょう。
あなたがこれを顧みてくださるとは。
7あなたは、人を御使いより
わずかの間低いものとし、
これに栄光と誉れの冠をかぶらせ、
8万物を彼の足の下に置かれました。』
神は、万物を人の下に置かれたとき、彼に従わないものを何も残されませんでした。それなのに、今なお私たちは、すべてのものが人の下に置かれているのを見てはいません。

9 ただ、御使いよりもわずかの間低くされた方、すなわちイエスのことは見ています。イエスは死の苦しみのゆえに、栄光と誉れの冠を受けられました。その死は、神の恵みによって、すべての人のために味わわれたものです。」

本書は、これまで一章においてイエス・キリストを御子と呼んできました。御子という呼び名は「神の子」という意味で、主イエスの神としてのご性質に着目するものです。九節に「イエス」とあります。著者は、「イエス」という呼び名を本日のこの箇所まであえて使わずにいました。本書で「イエス」という呼び名が登場するのは、ここが初めてです。著者は、「イエス」という言葉で、人間としてのご性質をもってこの世を歩まれた主イエスを語ろうとしています。

「神は、私たちが語っている来たるべき世を、御使いたちに従わせたのではないからです」（五節）。

「来たるべき」とは、直訳すると、「到来しつつある」ということです。来たるべき世には、到来しつつある救いのことが含まれています。「世」とは、人が住む社会のことです。一人で救いにあずかるのではありません。多くの人が救いの世界に招かれています。著者は、終末に完成する救いが近づきつつあることを確信しています。来たりつつある世の祝福を、いったいだれがどのように受け継ぐのか、このような問いを立て、その手掛かりとして詩篇八篇を引用します（四～六節）。結論を先取りして語れば、神は、この来たるべき世を御使いに委ねることをなさらなかった、主イエスに与えられた、ということです。

「人とは何ものなのでしょう。
あなたがこれを心に留められるとは。
人の子とはいったい何ものなのでしょう。
あなたがこれを顧みてくださるとは」（六節）。

詩篇において、「人とは何ものなのでしょう」と「人の子とはいったい何ものなのでしょう」とは、同じ意味です。「何ものなのか」とは、問いというより感嘆文です。「神よ。あなたが人間に心を留めてくださるとは、なんと感謝なことでしょうか。あなたはどうして顧みてくださるのでしょうか。取るに足りない人間にすぎないのに」。「心に留める」とは、忘れることなくいつも覚えていてくださるということです。「顧みる」とは、「元気？」と様子を見に訪ねてくれることです。心配する心が、訪れるという行動となって表れます。

「あなたは、人を御使いより
わずかの間低いものとし、

これに栄光と誉れの冠をかぶらせ、
万物を彼の足の下に置かれました」（七～八節a）。

以前の新改訳の詩篇八篇は、「人を、神よりいくらか劣るものとし」（五節）でした。新共同訳も「神」としています。原語は、多くの場合、「神」と訳される言葉です。それが、新改訳2017において、「人を御使いよりわずかに欠けがあるものとし」（同節）と訳し、神が御使いに改められました。本書で引用されているギリシア語訳詩篇は、「御使いたち」です。本書の読者は、人は御使いより劣る、と詩篇八篇を読んでいました。また、詩篇で「いくらか」、「わずかに」と記されている言葉が、本書では「わずかの間」と訳されています。

御使いが上で人間が下に見えるのは、いくらかの差で、わずかの間のことだけです。ここから八篇の力強いメッセージが展開されます。そのような人間が、栄光と誉れの冠を神から授けられる、と続きます。そして、すべてのものをその足の下に神が置いてくださいます。人はこれほど高められ、すべてを支配する者へと変えられます。もちろん、人は御使いの上に立つことになります。著者はこの詩篇を引用し、なぜ御使いに憧れるのか、人間がどれほどすばらしいものなのか、そのことに気づいていないのか、とたたみかけます。ここは一章一四節の続きです。御使いたちはみな、「救いを受け継ぐことになる人々に仕えるために遣わされている」とありました。

「神は、万物を人の下に置かれたとき、彼に従わないものを何も残されませんでした。それなのに、今なお私たちは、すべてのものが人の下に置かれているのを見てはいません」（八節b）。

著者はここから、現実を直視します。詩篇はすべてのものが人に従うと語っているけれども、人間の栄光、栄誉はどこにあるのか。「今なお私たちは……見てはいません」と嘆きます。迫害下の教会の状況を反映しているのでは、と思われます。見えるものといえば、しんどい日々の労苦だけではないか。主イエスを信じていても、何も変わらないではないか。詩篇の約束が成就していない現実が、読者の信仰心を押し潰そうとしています。読者が直面している現実を、著者は彼らに代わって語り直します。読者に寄り添いながら語る著者の牧会者としての姿を、ここに読み取ることができます。

「ただ、御使いよりもわずかの間低くされた方、すなわちイエスのことは見ています。イエスは死の苦しみのゆえに、栄光と誉れの冠を受けられました。その死は、神の恵みによって、すべての人のために味わわれたものです」（九節）。

この現実を踏まえ、著者は論理を飛躍させます。詩篇八篇の本当の意味はもっと深い、と語り直します。著者は、人間のことを謳《うた》った八篇を、主イエスを指し示すものとして読み替えます。「御使いたちよりもわずかの間低くされた方」は、神の子でありながら、人間となられたイエスです。この人間イエスが、「栄光と誉れの冠を受けられました」。

八節の「見てはいません」と九節の「見ています」は、原語では動詞が違います。九節は、見えるというより「凝視する」です。イエスが「栄光と誉れの冠を受け」るとは、神の右の座に着くことです。十字架で死なれた主イエスの姿を、だれでも見ることができます。他方、神の右への着座は、信仰のまなざしによらずには見えません。著者は、私たちはそのお方を見つめているキリスト者ではないか、と問いかけています。すべてのものが服従していない現実を見ていても、神の右に着座された主イエスに目を凝らすなら、私たちは信仰心を失うことはありません。

九節において、八篇引用の本当の意味が明らかにされています。それは、低くされた者が高められる、です。人間に当てはまるこの詩篇は、著者によれば、まさに主イエスに当てはまります。主イエスの栄光は、神の御子としての栄光だけではありません。主イエスは、人間となり、低くされ、それゆえに高められました。それも、神の御子が人となられ、十字架の死に至るまで低くされたのは、人を救うためでした。「死の苦しみ」とは、すべての罪人のために身代わりとして、神から裁きを受ける苦しみです。主イエスは、まさにその死の苦しみを「味わ」い尽くされました。それゆえに、人間イエスは今、天で神の右の座で栄光と誉れの冠を受けておられます。主イエスの栄光は、すべての人のために死ぬという低さを体験されたからこそ与えられた栄光です。

ここには、御使いとの対比が暗黙的に語られています。御使いは、特別な被造物であり、人間より上のように見えます。読者は「御使いには汚れもない、罪もない、御使いはいいなぁ、私たちは惨めだなぁ」と、恥辱にまみれた姿など全くない、まばゆいばかりの御使いに憧れていたことでしょう。だから著者は語ります。低くされることを体験したことのない御使いは、主イエスが天で享受しておられる栄光を決して手にできない、と。

私たちの信仰生活は問題だらけです。みこころから離れ、罪のゆえに様々な仕方で低くされ、惨めさを味わっています。人間関係においても然《しか》りです。主イエスを信じるがゆえの迫害や辱めもあります。そして最終的に死に至るまで低くされます。死に至る過程は、だれにとってもたいへん厳しいものです。低くされていくとしか言いようのない心の痛みを伴いながら、私たちは死へと向かっています。そのような私たちに、著者は大胆に語ります。低くされたからこそ与えられる栄光がある。人間は、低くされていくなかでこそ、栄光と誉れの冠が与えられる、と。人間イエスが低くされて与えられた栄光を、私たちも低くされたなかで受け取ります。

* * *

本書が行った詩篇八篇の読み替えは、強引な読み込みではありません。人間の栄誉の冠がどのようにして回復されるのかという問いに答えるものです。人間の栄光と誉れの回復は、人間イエスから始まっています。主イエスは、ご自分が苦しみを通して獲得された栄光と誉れの冠を、人の頭に置いてくださいます。「頑張って生きてきましたね。生きているとき、苦しいこともありましたね。でも、わたしに従ってきましたね」と、主イエスを信じる一人ひとりの頭にご自分の冠をかぶらせてくださいます。ですから、「人とは何ものなのでしょう。あなたがこれを心に留められるとは」と謳う詩篇は、私たちの心からの賛美となります。神は、御子イエスを遣わし、私たちを訪れ顧みてくださいました。このような栄光と誉れがもうすでに与えられています。心からの感謝をささげます。

7　苦しみを通して完全な者へ

〈ヘブル二・一〇～一三〉


「10多くの子たちを栄光に導くために、彼らの救いの創始者を多くの苦しみを通して完
全な者とされたのは、万物の存在の目的であり、また原因でもある神に、ふさわしいこと
であったのです。11聖とする方も、聖とされる者たちも、みな一人の方から出ています。

それゆえ、イエスは彼らを兄弟と呼ぶことを恥とせずに、こう言われます。

12『わたしは、あなたの御名を兄弟たちに語り告げ、
　会衆の中であなたを賛美しよう。』

13また、

　『わたしはこの方に信頼を置く』

と言い、さらに、

　『見よ。わたしと、神がわたしに下さった子たち』

と言われます。」

私たちは苦しみを通して成長することがあります。それとの類比で、不完全であった人間イエスが「多くの苦しみを通して完全な者とされた」と理解してはなりません。対比される不完全さは、旧約の礼拝や律法のことです。それらは、神の民を「完全にすることができません」（九・九、一〇・一）でした。他方、旧約において示された神の救いの計画が、イエスの苦しみを通して完成しました。「完全な者」（二・一〇、五・九、七・二八）である主イエスは、十字架でご自身を神に献げ、神の民を「完成さ」せてくださいます（一〇・一四）。それにより、信仰者もまた「完全な者」（一一・四〇、一二・二三）と呼ばれます。みこころが御子イエスの苦しみを通して全うされることに思いを向けましょう。

「多くの子たちを栄光に導くために、彼らの救いの創始者を多くの苦しみを通して完全な者とされたのは、万物の存在の目的であり、また原因でもある神に、ふさわしいことであったのです」（二〇節）。

一〇節は九節の続きです。「御使いよりもわずかの間低くされた」主イエスが、「死の苦しみのゆえに、栄光と誉れの冠を受けられました」（九節）。一〇節は原文では、「というのは」と訳せる接続詞で九節と結ばれています。栄光を受けられた、というのは、「多くの子たちを栄光に導くため」でした、と続いています。主イエスが栄光の冠を受けられたのは、それを一人で喜ぶためではありません。後に従うキリスト者を同じ栄光へと招くためでした。

一〇節の主文は、〇〇することは神にとってふさわしい、です。「ふさわしい」という言い方は、古代のレトリックにおいて、聴衆や読者の合意を引き出す際に用いられます。「彼にはふさわしいだろう」と語ると、聴衆は「そうだ」と応答します。著者は、あなたがたキリスト者は頷《うなず》いてくれるだろうと読者を信頼し、論を進めます。

「創始者」とは、道を切り開いていくパイオニアのことです。その人の後には道ができ、必ず従う人たちがいます。創始者は主イエスで、後に従う「多くの子たち」はキリスト者です。創始者である主イエスは、後に従うキリスト者を必ず栄光に導いてくださいます。キリスト者は、主イエスにさえ従っていれば、必ず、主イエスが獲得された栄光に入ることができます。ここで着目すべきは、「苦しみを通して」です。従う者を栄光に導くために、救いの創始者がまずしなければならなかったことは、ご自分が苦しむことでした。苦しみの道の先に、栄光が待っています。

「万物の存在の目的であり、また原因でもある神」とは、主イエスの父なる神のことです。創造者であり全能者であるお方です。その神が、ご自分の御子に苦しみの道をあえて歩ませ、それにより、救いのご計画を完成へと至らせてくださいました。主イエスが、苦しみの道を歩まれたのは、ご自分の意志であり、それは同時に父なる神のみこころでした。ここで、「ふさわしいことであった」という用法が効いています。神が救いの計画を完成させるために御子の苦しみを用いることは、ふさわしいことでした。全知全能の神であっても、人の苦しみへの感受性に欠ける神は、神としてふさわしくありません。救い主であったとしても、人の苦しみをご自分で担うことをしないとすれば、救い主としてふさわしくありません。

「聖とする方も、聖とされる者たちも、みな一人の方から出ています。それゆえ、イエスは彼らを兄弟と呼ぶことを恥とせずに、こう言われます」（一一節）。

人を「聖とする方」は、主イエスのことです。「聖とされる者」は、聖なる神に属する私たちキリスト者のことです。本来なら、聖としてくださる主イエスと、聖とされた私たちとの間には、大きな隔たりがあります。私たちは罪に汚れた者です。主イエスは神の御子です。その両者が、父なる神のみこころに基づき、主イエスの血の贖いにより、兄弟とされました。主イエスもキリスト者も、共に一つの原因、一人の父なる神から出ています。どちらも同じ父のもとにいますので、主イエスはキリスト者をご自分の兄弟と呼んでくださいます。

「恥とせずに」は、大事な言葉です。主イエスは、ご自分の兄弟にこんなに罪深い者がいることを決して恥とは思われませんでした。私たちがどれほど弱く惨めな歩みしかできないキリスト者であったとしても、主イエスは心から大胆に、「あなたはわたしの兄弟だ、姉妹だ」と一瞬のためらいも恥ずかしいと思うこともなく呼んでくださいます。主イエスが私たちをこのように兄弟姉妹と呼んでくださいますので、私たちも親愛の情をもってお互いを兄弟姉妹と呼び合います。

「わたしは、あなたの御名を兄弟たちに語り告げ、
会衆の中であなたを賛美しよう」（二二節）。

二二節は、主イエスの受難を表す際に用いられる詩篇二二篇二二節の引用です。詩篇作者は、「わが神　わが神　どうして私をお見捨てになったのですか」（同一節）と絶望の叫びをあげ、本当に苦しみの道を通り、神の救いを受けました。その後、自分の兄弟姉妹に神の御名を告げ、会衆の真ん中で主を賛美する指導者として立てられました。会衆（エクレシア）の中で、つまり教会の中で、「神はすばらしい、わたしと一緒に喜んでくれ」と声をかけ、賛美の輪が広がっていきます。孤独で苦しみに耐えた者が救いにあずかり、多くの者とともに神を賛美する。これが詩篇二二篇の大きな流れです。

本書の著者は、見事にこの流れを把握しています。そのうえで、この詩篇を主イエスに当てはめ、主イエスのことばとして用いています。一一節に、「イエスは彼らを兄弟と呼ぶことを恥とせずに、こう言われます」とあり、一二節はそれを受けて、「わたしは……賛美しよう」と続きます。この「わたし」とは、主イエスのことです。神に見捨てられ、弟子たちにも見捨てられ、ただひとりで十字架を担われた主イエスが、天で栄光を受け、多くの子らを神賛美へと招いておられます。

前回学んだ九節に、「その死は、神の恵みによって、すべての人のために味わわれたものです」とありました。「神の恵みによって」という言葉には、いろいろな解釈と多様な写本があります。写本の支持は、「神の恵みによって」にあります。

ところで解釈の歴史を紐解《ひもと》くと、古代教父の多くが「神なしに」と読む異なる読みを採用していました。最近の邦訳聖書にも、この読みは異読として紹介されています。「神なしに」と読む写本は、詩篇二二篇一節を十字架上で叫ばれた主イエスをより強く思い起こさせます。神に見捨てられて苦しむ者一人から神賛美が広がるというメッセージが、すっと立ち上がってきます。このようなことが起こったのは神の恵みであった、という解釈も可能です。どちらにせよ、本書の著者が詩篇二二篇から主イエスの御苦しみを黙想しているのは確かです。

『わたしはこの方に信頼を置く』

と言い、さらに、

『見よ。わたしと、神がわたしに下さった子たち』

と言われます」（一三節）。

「わたしはこの方に信頼を置く」は、ギリシア語訳のサムエル記第二、二二章三節の引用です。お手元の邦訳聖書にこれと同じ言葉はありませんが、「あなたは私を暴虐から救われます」（同節）と敵から救われたダビデの感謝が記されています。「多くの苦しみを通して完全な者とされた」（ヘブル二・一〇）主イエスの信頼の言葉として引用されています。また、インマヌエル預言（イザヤ七・一四）の続きとして語られるイザヤ書八章一七、一八節が、一三節で意識されています。

本日の箇所では、主イエスとキリスト者との関係がどれほど密接であるかが示されています。著者は、一二節、一三節の旧約聖書の聖句を、主イエスが語られたことばとして引用します。主イエスは一一節で「彼らを兄弟と呼」び、一二節で「御名を兄弟たちに語り」、一三節で「見よ。わたしと、神がわたしに下さった子たち」と言葉を重ねられます。主イエスとキリスト者との関係は兄弟姉妹の交わりを超え、主イエスは、キリスト者をわが子のようにいつくしんでくださいます。主イエスと後に続く者との間には、兄弟姉妹と呼び合える、あるいは、子たちとも呼んでいただける、完全な一体感があります。

＊　　＊　　＊

神が、人間イエスの苦しみを通して多くの子たちを救いに導くことは、まさに神にとってふさわしいことでした。苦しみの担い方が完全であったからこそ、イエスは完全な救いの創始者になられました。神が苦しみを通して救い主を完全な者とし、救い主が獲得した栄光へと従う者を招く。これこそ神にふさわしいだろう、と著者は読者に同意を求めています。私たちは、主イエスの兄弟姉妹です。皆で心を一つにして、アーメン、本当にそうです、と唱和し頷きます。

8　試みを通して助ける者へ

〈ヘブル二・一四～一八〉

「14 そういうわけで、子たちがみな血と肉を持っているので、イエスもまた同じように、それらのものをお持ちになりました。それは、死の力を持つ者、すなわち、悪魔をご自分の死によって滅ぼし、15 死の恐怖によって一生涯奴隷としてつながれていた人々を解放するためでした。16 当然ながら、イエスは御使いたちを助け出すのではなく、アブラハムの子孫を助け出してくださるのです。17 したがって、神に関わる事柄について、あわれみ深い、忠実な大祭司となるために、イエスはすべての点で兄弟たちと同じようにならなければなりませんでした。それで民の罪の宥めがなされたのです。18 イエスは、自ら試みを受けて苦しまれたからこそ、試みられている者たちを助けることができるのです。」

本書の読者は、様々な痛みや悲しみ、信仰的な無力感を覚えています。本日の箇所では、人間の苦しみと主イエスの苦しみが重ね合わされています。主イエスは、苦しみを体験されたからこそ苦しむ者にあわれみ深く、苦しみの中にあっても神に忠実なお方でした。この主イエスを伝えることで、著者は読者を励まそうとしています。

「子たちがみな血と肉を持っているので、イエスもまた同じように、それらのものをお持ちになりました」（一四節a）。

主イエスとキリスト者の関係は、これまで学んできたように非常に密接です。この深い交わりの中で、主イエスはキリスト者と血と肉を分かち合われます。血は流れ落ち、肉はすぐに腐ります。血と肉は、弱さを抱えた死ぬべき人間の描写です。

主イエスが血と肉を持たれたという記述に、過去形が用いられています。永遠の神の御子が、歴史の中に入って来られた過去の一点を指し示しています。受肉という言葉は本書では用いられていませんが、その秘義が語られています。血と肉を持つとは、生きることを表し、かつ、血と肉を持つかぎり、人は死ぬ者となります。人間イエスが血と肉を人と共有されたとは、永遠の神の御子イエスが死ぬ者となられたということです。

「それは、死の力を持つ者、すなわち、悪魔をご自分の死によって滅ぼし、死の恐怖によって一生涯奴隷としてつながれていた人々を解放するためでした」（一四b〜一五節）。

「死の恐怖によって一生涯奴隷としてつながれていた人々」という言葉は、幅広い意味内容を持っています。死の恐怖は、高齢者だけが抱くものではありません。人は、物心がつくと死を恐れ、思春期のころにその恐れは強まり、死の恐怖は生涯続きます。一般的な死だけでなく、ここには迫害の影があります。本書の読者は、ローマ帝国の迫害の恐怖に日々おののいていました。暴君は死の恐怖を植えつけます。死という切り札を見せられると、人はどうなるでしょうか。多くの場合、思考停止に陥ります。死を与える力を持っている者に対して、反論できず、言うなりにふるまい、無条件で服従してしまいます。様々な情景が心に浮かびます。

著者は、人間がだれしも抱く死の問題を悪魔との関わりで解き明かします。これまで天使が取り上げられていましたので、悪魔への言及があっても驚くことではありません。創世記のエデンの園の物語がこの背後にあります。人は、蛇の言葉に惑わされ、罪を犯しました。神から逃げ、死が入ってきました。罪と死と悪魔は、セットで考えられています。死の恐怖とは、ただ命が尽きることへの恐怖ではありません。自分はこれまでどのように生きてきたのか、そのことの総決算を迫られる恐怖です。罪を犯してきたことを自覚する者にとって、神の裁きの前に立たねばならないことは大きな恐怖です。

主イエスは、ご自分の死によって悪魔を滅ぼし、死の恐怖に囚《とら》われている者を解放してくださいました。これは、非常に力強く、慰め深い言葉です。このような凝縮した表現が、サラッと記されています。おそらく、説明なしでも理解できるほどに教会内に定着していた言い回しなのでしょう。主イエスが悪魔を滅ぼし、私たちを死の恐怖から解放してくださった、と喜び祝っていた当時の教会の姿を垣間見ることができます。
ここには言明されていませんが、復活が含まれています。主イエスは死をもって悪魔の支配下に入って行かれ、ご自分の復活をもって死の圧倒的な力に風穴を開けてくださいました。

「イエスは御使いたち……ではなく、アブラハムの子孫を助け出してくださるのです」（一六節）。

一章からの続きとして御使いたちに言及しています。「アブラハムの子孫」とは、民族的な意味ではなく、神との契約に入れられている者です。御使いは、主イエスに助けられる体験をしていません。主イエスは、罪深い人間を「助け出してくださ」います。助けていただける人間は、御使いより幸せです。ここでの「助ける」とは、傍らでしっかり手を握ってくださる感じです。手を差し出す愛情と助けあげる力強さとが描かれています。

「あわれみ深い、忠実な大祭司となるために、イエスはすべての点で兄弟たちと同じようにならなければなりませんでした。それで民の罪の宥めがなされたのです」（一七節）。

主イエスの働きは、冒頭部分（一・三）で「御子は罪のきよめを成し遂げ」、天で神の右の座に着かれた、と紹介されていました。御子による十字架の罪の贖いを通して、死の力は無力化されました。悪魔は、罪赦された者を死の恐怖で縛りつけることはできません。罪の宥めの主題が、「あわれみ深い、忠実な大祭司」のみわざとして、これから本書全体を通して丁寧に展開されます。

大祭司は必ず民の中から立てられます。ですから、「イエスもまた同じように」、神の民と同じ血と肉を「お持ちになりました」（一四節）。この「持つ」という言葉は、原語では「共有する、分有する」という意味です。一七節は、主イエスに対して、神の民と「同じようにならなければなりません」と強い言葉を用いています。大祭司の特質は、罪を犯す民との一体感です。罪を犯す者にあわれみ深く、かつ神に対して忠実に歩む。これが旧約の大祭司に求められていたことであり、主イエスにおいてまさに実現していることです。

「イエスは、自ら試みを受けて苦しまれたからこそ、試みられている者たちを助けることができるのです」（一八節）。

「試み」は、「試練」とも「誘惑」とも訳されます。一般論としては、人間関係のストレス、病気、経済的な苦境、様々なことがあるでしょう。本書の文脈で考えると、罪を犯させる誘惑です。元気な時にも病気の時にも、経済的な豊かさの中にあっても貧しさの中にあっても、すべての人は罪を犯す誘惑に遭遇します。また牧師・長老・執事であるからこそ受ける誘惑や試練があります。

主イエスご自身も、公的生涯を歩み出す前に悪魔の誘惑を受けられました。救い主としての職務に対する試練です。ゲッセマネにおいて血の汗を流して祈ることで、誘惑に勝利されました。主イエスは、「試みを受けて苦しまれ」ました。罪の誘惑と遭遇する試みは、主イエスにとって大いなる苦しみでした。主イエスは神の御子で、強いお方で、罪を犯さないのは当然であった、と考えてはなりません。もし、苦しむことなく、いとも簡単に誘惑を退けられたのであれば、それは誘惑でも試練でもありません。

私たちと同じ血と肉を取り、私たちと同じようになられた主イエスは、私たちが遭遇する試みのすべてを、ご自分の試練・苦しみとして担ってくださいました。より正確に語ると、試みの向き合い方は、主イエスと私たちとでは違います。私たちは多くの場合、すぐに誘惑に負けてしまいます。試練との戦いがそこで終わってしまい、後は惰性に流されます。苦しむという感性が麻痺することもあります。しかし主イエスは、私たちが誘惑に負けるような場面においても誘惑と戦い続けてくださいました。あらゆる場面において、いつも忠実に神の御前を歩み、試練と向き合う苦しみにとどまり続けてくださいました。本書は、これが主イエスの地上のご生涯であった、と伝えています。

主イエスは、罪の誘惑の力がどれほど厳しいものであるか、また悪魔の策略がどれほど巧妙であるかをご存じです。試みにあう苦しさをだれよりも深く味わわれました。ですから、試みの中にいる者に対してだれよりもあわれみ深く接してくださいます。

一八節の「試みられている」と「助けることができる」は、現在形です。私たちがいかなる試みに遭遇しても、この地で苦しみを受け、天において神の右に着座された主イエスは、今、私たちを助けることができる力をお持ちです。死の力がどれほど大きいように見えたとしても、私たちを助けることができる主イエスの力はもっと大きいものです。この主の力に守られ、助けられ、私たちはあわれみを受け、今を生きています。

＊　　＊　　＊

コロナ禍にあって、死に至るプロセスに不安を抱き、死別の悲しみが襲うことがあります。人生を振り返り、罪の裁きに戦慄することもあります。私たちが抱える死の恐れをすべて主イエスはご存じで、共に担ってくださっています。私たちは、自分ひとりで死と向き合うのではありません。そのことを思うときに、死そのものはもはや恐れの対象ではありません。私たちキリスト者は、死の恐怖への隷属から解放されています。ですから、大祭司であり助け主である主イエスに拠り頼み、病の中にあったとしても、死に至る最期の日まで信仰的には健やかに明るく過ごしましょう。

9　私たちこそ神の家

〈ヘブル三・一～六〉

「1ですから、天の召しにあずかっている聖なる兄弟たち。私たちが告白する、使徒であり大祭司であるイエスのことを考えなさい。2モーセが神の家全体の中で忠実であったのと同様に、イエスはご自分を立てた方に対して忠実でした。3家よりも、家を建てる人が大いなる栄誉を持つのと同じように、イエスはモーセよりも大いなる栄光を受けるにふさわしいとされました。4家はそれぞれだれかが建てるのですが、すべてのものを造られたのは神です。5モーセは、後に語られることを証しするために、神の家全体の中でしもべとして忠実でした。6しかしキリストは、御子として神の家を治めることに忠実でした。そして、私たちが神の家です。もし確信と、希望による誇りを持ち続けさえすれば、そうなのです。」

本書が書かれたころ、キリスト教会は弱小集団でした。ユダヤ教のシナゴーグは、当時の社会で市民権を得て、国家の保護下にありました。キリスト教会は、社会から何の益を得ることなく、ローマ帝国からは反社会分子のように睨《にら》まれています。また、一三章で明らかにされますが、「様々な異なった教えによって惑わされ」る危険にさらされていました（一三・九）。シナゴーグとの関わり方が見直されていました。ヘブル人の教会に信仰の確信と誇りがなければ、この教会は歴史の波に呑み込まれ、消えていたことでしょう。教会が教会として立ち続ける誇りを身に付けましょう。

「ですから、天の召しにあずかっている聖なる兄弟たち。私たちが告白する、使徒であり大祭司であるイエスのことを考えなさい」（一節）。

冒頭の「ですから」は、二章の続きであることを表しています。イエスは「忠実な大祭司」（二・一七）であり、あなたがたはイエスの兄弟姉妹とされ、イエスの助けにいつもあずかっています（同一八節）。「ですから」、あなたがたは、「私たちが告白する、使徒であり大祭司であるイエスのことを考えなさい」、と命じられています。「告白」は、受洗の誓約文のような教会としての公的な文言です。「大祭司」については、これから本書全体を通して学びます。「使徒」とは、神がどのような方であるかを表すために神から遣わされた者です。「使徒であり大祭司である」とは、神を指し示し、人の罪を神の御前で贖ってくださるお方という意味です。この「考えなさい」とは、イエスに心を向け、イエスとはいったいどのようなお方なのかをしっかりと考えるということです。

「聖なる兄弟」とあります。兄弟姉妹という言葉は至るところにあるのですが、「聖なる」と修飾句が付くのは、聖書でここだけです。イエスが、「聖なる」者としてくださいました（二・一一）。「天の召し」とは天から与えられた召しであり、「あなたがたは天に属する者ですよ」と天へと招き上げる召しです。訳出されていませんが、原文のニュアンスは、「共にあずかっている」です。キリスト者は、共に天の召しを受けているイエスの聖なる兄弟姉妹です。

「モーセが神の家全体の中で忠実であったのと同様に、イエスはご自分を立てた方に対して忠実でした」（二節）。

この箇所では、イエス・キリストとモーセとの対比がなされています。「モーセが神の家全体の中で忠実であった」は、「彼はわたしの全家を通じて忠実な者」（民数一二・七）のギリシア語訳からの間接引用です。神の家は、建物としての幕屋や神殿ではなく、イスラエルの民のことです。民数記によれば、モーセは神によって「忠実な者」と認められた器です。イスラエルの民をエジプトから導き出し、民に十戒を手渡し、イスラエルの民の中でのモーセの働きは傑出していました。このことは、ユダヤ人であれば、だれしもが認めていることです。他方、イエスの場合は、民との関わりよりもむしろ、「ご自分を立てた方」、つまり神との関わりにおいて、神に対して忠実であった、と語られます。ニュアンスの違いはありますが、二節では、イエスの忠実さは、「モーセ……と同様」であった、とモーセをたてます。イエスと御使いを比較した著者は、モーセを持ち上げた後に、次節からモーセにまさるイエスの優位性を述べます。

「家よりも、家を建てる人が大いなる栄誉を持つのと同じように、イエスはモーセよりも大いなる栄光を受けるにふさわしいとされました。……すべてのものを造られたのは神です」（三〜四節）。

モーセとイエスとの比較が、家と家を建てた人との比較として語り直されます。どんなに家が立派であっても、その立派な家を建てた人のほうが立派です。モーセは神の民の家を建てた人ではありません。神の民という家を建てたのは神ご自身です。モーセは、神によって建てられた家の中で忠実でした。他方、イエスは、「家を建てる人が大いなる栄誉を持つのと同じように」とあるとおり、家を建てる側のお方です。モーセが旧約の神の民の中で忠実であったのなら、主イエスは新約の神の民をご自分の御苦しみを通して建ててくださったお方です。ですから、「イエスはモーセよりも大いなる栄光を受けるにふさわしいとされました」。

「モーセは、後に語られることを証しするために、神の家全体の中でしもべとして忠実で

した。しかしキリストは、御子として神の家を治めることに忠実でした」（五～六節a）。

「しもべ」とは、奴隷ではありません。民の中にあって高貴な人物であっても、神に対しては仕える者という意味です。モーセの忠実さは、しもべとしてです。他方、キリストは「御子として……忠実でした」。ここに決定的な違いがあります。「治める」は意訳です。直訳すると、「モーセは民の中で、キリストは民の上に立ち」となります。キリストは、神が治めるように民を治め、神に忠実でした。モーセは「主の姿を仰ぎ見」（民数一二・八）ましたが、御子キリストは「神の本質の完全な現れ」（一・三）です。モーセは立派で偉大な預言者でしたが、「後に語られることを証しするために」、つまりキリストにおいて成就されるべき事柄をあらかじめ語ったにすぎません。著者は、モーセを何一つ貶《おとし》めることなく尊び、そのうえでイエス・キリストはモーセをはるかに凌駕するすばらしいお方であるという論理を立ち上げます。モーセを非常に高く評価する当時のユダヤ人社会において、この主張がキリスト教会のアイデンティティを形づくっています。

ここで少し細かい説明をさせてください。一節に「使徒であり大祭司であるイエス」とあります。「イエス」は固有名詞です。本書は、一章で御子と語り、二章九節までイエスという名前を用いていません。著者は「イエス」と語る際、私たちの血と肉を共有し、私たちのために苦しんでくださった地上のイエスを念頭に置いています。三章六節において初めて、キリストという名前が登場します。「キリストは、御子として」とありますので、著者は

「御子」という言葉でキリストを指し示そうとしています。私たちと同じ血と肉を持つ人間イエスは、実は神の御子キリストである、というメッセージがここに埋め込まれています。私たちが「イエス・キリスト」と口にするとき、実は、人間イエスは御子キリストであるという非常に大きな信仰告白を唱えているのです。

「そして、私たちが神の家です。もし確信と、希望による誇りを持ち続けさえすれば、そうなのです」（六節b）。

「私たち」は、強意形の言葉で、「私たちこそ」という意味です。「私たち」には、著者と読者の両者が含まれ、「私たちキリスト者こそ神の家です」となります。旧約時代、神は幕屋・神殿において礼拝するイスラエルの民の中に宿り、新約時代、神は復活のキリストの体である教会において礼拝しているキリスト者の中に宿り、共に歩んでくださいます。本書執筆当時、シナゴーグが至るところにあり、彼らも自らを神の家と主張していたことでしょう。その社会で語られる「私たちが神の家です」は、大胆な主張です。

「もし……持ち続けさえすれば」という条件文があります。原語では、しっかり持つというニュアンスが込められています。このような条件文を見ると、ドキッとします。もし持ち続けることができなかったならば、どうなるのだろうかという不安がよぎり、急にハードルを上げられた気がします。しかしここで留意すべきは文脈です。主語の「私たち」は、キリスト教会のことです。著者が向き合っているのは、個々人の心情的な理解のレベルではなく、教会の姿勢です。キリスト教会は誇りをもって社会の中に立っているのかということが、「もし」によって問われています。

「確信と、希望による誇り」は、文法的には、「希望に満ちた確信と誇り」とも理解でき、この解釈を取る邦訳聖書もあります。希望の内実は本書全体で明らかにされます。「確信」は意訳で、直訳すると「大胆さ」です。少し読み替えると、「私たちキリスト教会が、希望に満ちた誇りを大胆に語り続けるならば、私たちこそ神の家です。現状ではなく、希望を誇ることができるのが、神の家です」となります。

＊　＊　＊

著者の願いは、モーセのことを誇っていた社会にあって、キリストのことを誇るキリスト教会を建てることです。著者は、モーセとの比較をきちんとしたうえで、「使徒であり大祭司であり神の御子であるイエス・キリストが、私たちを神の家として建ててくださった」と大胆に語ります。私たちはキリストが建ててくださった神の家の一員とされ、キリストが私たちを治めてくださいます。この誇りと喜びをもって高らかに「私たちこそ神の家」と語り、人々を招きましょう。

10 「今日」という日を大切に

〈ヘブル三・七〜一九〉

「7ですから、聖霊が言われるとおりです。
8『今日、もし御声を聞くなら、
あなたがたの心を頑なにしてはならない。
荒野での試みの日に
神に逆らったときのように。
9あなたがたの先祖はそこでわたしを試み、
わたしを試し、
四十年の間、わたしのわざを見た。
10だから、わたしはその世代に憤って言った。
「彼らは常に心が迷っている。
彼らはわたしの道を知らない。」
11わたしは怒りをもって誓った。

「彼らは決して、わたしの安息に入れない。」』
12兄弟たち。あなたがたのうちに、不信仰な悪い心になって、生ける神から離れる者がないように気をつけなさい。13『今日』と言われている間、日々互いに励まし合って、だれも罪に惑わされて頑なにならないようにしなさい。14私たちはキリストにあずかる者となっているのです。もし最初の確信を終わりまでしっかり保ちさえすれば、です。
15『今日、もし御声を聞くなら、
あなたがたの心を頑なにしてはならない。
神に逆らったときのように』
と言われているとおりです。16では、聞いていながら反抗したのは、だれでしたか。モーセに率いられてエジプトを出た、すべての者たちではありませんか。17神が四十年の間、憤っておられたのは、だれに対してですか。罪を犯して、荒野に屍をさらした者たちに対してではありませんか。18また、神がご自分の安息に入らせないと誓われたのは、だれに対してですか。ほかでもない、従わなかった者たちに対してではありませんか。19このように、彼らが安息に入れなかったのは、不信仰のためであったことが分かります。」

パウロは弟子のテモテに、旧約聖書を念頭に、「聖書は……教えと戒めと矯正と義の訓練のために有益です」（Ⅱテモテ三・一六）と語りました。今日の箇所は、詩篇を引用し、「責め、戒め、また勧め」ることを行っています（同四・一二）。責め、戒める厳しいみことばを通しての励ましに耳を傾けましょう。

「今日、もし御声を聞くなら、
あなたがたの心を頑なにしてはならない。
荒野での試みの日に
神に逆らったときのように」（七～八節）。

七節から一一節の言葉は、詩篇九五篇七節bから一一節までの引用です。この詩篇の背後に、出エジプト記一七章、民数記一四章があります。出エジプトした民は、荒野で喉が渇いたときに不平を語り、神が共におられることを疑います。また、カナンの土地に入る日が近づいてきたとき、十二人の偵察隊が送られました。うち十人は、カナンの住民は強く、自分たちは絶対に負ける、と民に告げました。ヨシュアとカレブだけが主を信じて戦おうと鼓舞しました。十人の言葉を信じた民はエジプトに帰ろうと騒ぎ出します。出エジプトにおいて現された神の力に拠り頼もうとはせず、約束の地に必ず導き入れてくださるという神の約束を真剣に受けとめませんでした。神は、約束の地カナンに入ることを不信の民に許さず、民は四十年間荒野を放浪することとなりました。

上記の物語が題材として用いられたのは、この詩篇が読まれるたびに、神に従う新たな決意へと読者を導くためです。かつての民のように「心を頑なにしてはならない」(詩篇九五・八)という警告は、詩篇では「さあ 主に向かって 喜び歌おう」(同一節)という賛美への招きと同時に語られています。詩篇作者の願いは、試練の中にあっても神に向かって心を開き、賛美し続ける民を形成することです。

「あなたがたの先祖はそこでわたしを試み、
わたしを試し、
四十年の間、わたしのわざを見た。
だから、わたしはその世代に憤って言った。……
わたしは怒りをもって誓った」(九～一一節)。

一〇節の「だから」は、おそらく著者が挿入した言葉です。イスラエルの民は神のわざを見続けたにもかかわらず、不信仰から離れなかった。「だから」、神は憤られた、と続きます。「だから」があることで、民を安息の地に入れなかった神の怒りの正当性が明確になります。ただこの箇所には、意味が取りにくい点があります。引用されている詩篇九五篇一〇節は、「四十年の間 わたしはその世代を退け」となっています。ここでは、「四十年の間」は、「わたしのわざを見た」にかかっています。原語には句読点などはありませんので、どちらにかけることも可能だったのでしょう。出エジプト後に水がないと民が不平を言ったとき、神は岩から水を出されました。また、荒野での四十年間もマナを与え続けてくださいました。神は怒りによる裁きの中にあっても、あわれみを忘れることはありません。それらすべての忘恩も、ここには含まれています。

「兄弟たち。あなたがたのうちに、不信仰な悪い心になって、生ける神から離れる者がないように気をつけなさい。『今日』と言われている間、日々互いに励まし合って、だれも罪に惑わされて頑なにならないようにしなさい」（一二〜一三節）。

著者は、「兄弟たち」と呼びかけ、「生ける神から離れる者がないように気をつけなさい」と読者を励まします。ここで言われていることは、生ける神を恐れることです。神は、物言わぬ、何もしない偶像ではありません。背く者に裁きを、従う者に安息を与える生ける神です。神など恐るるに足らずと思う悪い心に一瞬たりとも立ち止まってはなりません。また、「罪に惑わされて頑なにならないように」とあります。自分には信仰があると誇っていると、いつのまにか頑なな心に変えられてしまい、罪に惑わされてしまいます。

神から離れさせる罪の惑わしを覚えると、著者が「今日」を強調する意図を理解できます。今日みことばを聞かずとも、明日聞いたらよい。明後日も聞けるだろう。教会の礼拝はいつでも行われているのだから。このような暢気《のんき》さに居座るとき、心は罪によってすぐに頑なにされてしまいます。罪と戦う真剣勝負は、説教題にあるように「『今日』という日を大切に」することです。みことばを聞いた今日悔い改める、このような今日の積み重ねが、私たちの信仰の人生です。

一二〜一三節には、もう一つの大きなメッセージが埋め込まれています。言葉を補足して語り直すと、「あなたがたのうち、一人でも、生ける神から離れてしまわないように気をつけなさい」となります。十人の偵察隊の言葉によって民全員が不信仰に陥りました。十人の不信仰は、個人の問題ではなく、民全体に関わる事柄です。『今日』と言われている間、日々互いに励まし合って」は、「今日、もし御声を聞くなら」と並んで記されています。教師が講壇からみことばを語る今日は、信徒同士で励まし合う今日です。

公の祈禱会において、個人的に祈り合う交わりにおいて、礼拝後の語らいにおいて、私たちは互いに励まし合います。今コロナ禍で多くの方が、ご自宅でライブ配信により礼拝を守っておられます。入院中の方は一人で礼拝を守っておられます。そのような方々に、今日は特にライブ配信を通して語りかけます。「一人ではありません。一緒に礼拝を守っている仲間がいます」と。一緒に集えない方々が大勢おられますので、何らかの仕方で、励ましの声を互いに届け合いたいと願います。

「私たちはキリストにあずかる者となっているのです。もし最初の確信を終わりまでしっかり保ちさえすれば、です」（一四節）。

「キリストは、御子として神の家を治め」（三・六）ておられます。私たちは、このキリストの統治に共にあずかる者です。「あずかる」とは共有するという意味です。ギリシア語原典聖書では、一四節はハイフンで囲まれ、一二～一三節の補足説明となっています。海が真っ二つに分けられるという奇跡を体験した民が約束の安息に入るには、最初の信仰の確信を終わりまで持ち続けることが必要でした。それができなかったこの物語は、私たちへの教訓です。そうならないように、キリストの兄弟姉妹である私たちは「最初の確信を終わりまでしっかり保」てるように、「日々互いに励まし合」います。

「今日、もし御声を聞くなら……では、聞いていながら反抗したのは、だれでしたか。……神がご自分の安息に入らせないと誓われたのは、だれに対してですか」（一五～一九節）。

一五節は七～八節とほぼ同じで、「今日、もし御声を聞くなら」を繰り返します。一三節にも「『今日』と言われている間」とあります。このような強調により、「今日」は多様な意味を担うことになりました。詩篇九五篇は、その詩篇が読まれる「今日」、心を頑なにしてはならない、と訴えています。本書は、この詩篇を引用した今日、あなたがた読者は心を頑なにしてはならない、と語りかけます。この文意に従うと、本書が説教されている今日、私たち神港教会員はかの日のように心を頑なにしてはならない、という勧めが立ち上がります。

「彼らは常に心が迷っている。彼らはわたしの道を知らない」（一〇節）は、荒野の民の姿であり、詩篇が読まれたときの民の姿であり、本書が書かれたときの読者の姿であり、かつ、今日このみことばを読んでいる私たちの姿です。私たちは神に助けられながら、どれほど神に背いてきたでしょうか。神の裁きを受けたにもかかわらず、どれほど神をないがしろにしているでしょうか。

一六、一七、一八節は修辞疑問文です。だれが反抗したのか、神の憤りはいったいだれに向けられたのか、とたたみかけます。文字どおりに答えるなら、出エジプトしたが、約束の地に入れなかったイスラエルの民です。他方、文脈から考えるなら、今日御声を聞いても心を頑なにする私たちのことです。「荒野に屍をさらした者たち」を持ち出して、そうなってはならないと語る警告を、自分への語りかけとして読むことが求められています。この読み方が、パウロがテモテに命じたことであり、「聖霊が言われるとおり」(七節)にみことばを受け入れる態度です。著者は、これらの不信仰な者の実例を示して、安息に入る扉を閉ざされる前に神に立ち返れ、と叱咤激励しています。

＊　＊　＊

だれ一人として生ける神から離れないようにと、神はみことばと信仰の仲間を与えてくださいました。私たちは、兄弟姉妹の霊の手を握りしめ、同じみことばを一緒に聞きます。キリストに連なる兄弟姉妹として共々に天に凱旋する喜びの日を目指して、みことばを聞いた今日、私たちは神に従う決心を新たにします。

11　神の安息に皆であずかる

〈ヘブル四・一〜一一〉

「1 こういうわけで、私たちは恐れる心を持とうではありませんか。神の安息に入るための約束がまだ残っているのに、あなたがたのうちのだれかが、そこに入れなかったということのないようにしましょう。2 というのも、私たちにも良い知らせが伝えられていて、あの人たちと同じなのです。けれども彼らには、聞いたみことばが益となりませんでした。みことばが、聞いた人たちに信仰によって結びつけられなかったからです。3 信じた私たちは安息に入るのですが、

『わたしは怒りをもって誓った。
「彼らは決して、わたしの安息に入れない」』

と神が言われたとおりなのです。もっとも、世界の基が据えられたときから、みわざはすでに成し遂げられています。4 なぜなら、神は第七日について、あるところで『そして神は、第七日に、すべてのわざを終えて休まれた』と言われ、5 そのうえで、この箇所で、『彼らは決して、わたしの安息に入れない』と言われたからです。6 ですから、その安息

に入る人々がまだ残っていて、また、以前に良い知らせを聞いた人々が不従順のゆえに入れなかったので、7神は再び、ある日を『今日』と定め、長い年月の後、前に言われたのと同じように、ダビデを通して、
『今日、もし御声を聞くなら、
あなたがたの心を頑なにしてはならない』
と語られたのです。8もしヨシュアが彼らに安息を与えたのであれば、神はその後に別の日のことを話されることはなかったでしょう。9したがって、安息日の休みは、神の民のためにまだ残されています。10神の安息に入る人は、神がご自分のわざを休まれたように、自分のわざを休むのです。11ですから、だれも、あの不従順の悪い例に倣って落伍しないように、この安息に入るように努めようではありませんか。」

著者が本日の箇所で行っていることは、神の安息にあずかる約束は本当に今も有効なのか、それは私たちへの約束であるのか、これらの確認作業です。自分に与えられた約束であることが確信できないとき、約束を信じましょうと言われても、ポカ～ンとなるだけです。今も有効な私たちへの約束であるから、だから信じよう、と著者は論を進めます。信仰生活は、約束の言葉を聖書から習得する修練です。

「こういうわけで、私たちは恐れる心を持とうではありませんか。……彼らには、聞いたみことばが益となりませんでした。みことばが、聞いた人たちに信仰によって結びつけられなかったからです。……」（一〜三節a）。

「こういうわけで」は、三章を受けています。「不信仰のため」に、旧約の民は出エジプトの際、「安息に入れ」ませんでした（三・一九）。著者は、この出来事を昔話とは思っていません。「あなたがたのうちのだれかが、そこに入れなかったということのないようにしましょう」と、読者のことを心配しています。読者のうちだれか一人でもそのような者を絶対に出してはならないという思いで、著者は議論を進めます。また、「私たちは恐れる心を持とうではありませんか」と、著者をも含め私たち教会全体で留意するべき事柄だと認識しています。「神の安息に入るための約束がまだ残っている」の意味は、三節以降で説明されます。

二節に「信仰によって結びつけ」るとあります。「結ぶ」の原語の基本的な意味は、「溶けて混じり合って一体化する」です。先週学んだとおり、カナンに入る直前に派遣された十二人のうち十人は、敵の屈強さを見て戦っても負けると悲観的になり、ヨシュアとカレブは同じ光景を見ても神の約束を信じる信仰にとどまりました。イスラエルの民は、自らの不信仰によって悲観的になった十人と一体化しました。すべての民は約束の言葉を聞いたのですが、信仰者か不信仰者か、だれと一体化するかで、民の運命が分かれました。「私たちにも……伝えられてい」る「良い知らせ」とは、主イエスについての福音のことです。約束の言葉を聞いた旧約の民と同様です。福音のことばは、切り離すことができないほどにしっかりと、それを聞く人に信仰によって結び合わされねばなりません。「安息に入る」のは、「信じた私たち」です。主イエスを信じ安息に入りましょうと勧めても、信じていない者には、「聞いたみことばが益となりません」。

「……なぜなら、**神は第七日について、あるところで『そして神は、第七日に、すべてのわざを終えて休まれた』と言われ、そのうえで、この箇所で、『彼らは決して、わたしの安息に入れない』と言われたからです**」(三b〜五節)。

出エジプトの荒野の物語を扱っている詩篇九五篇は、「わたしの安息に入れない」(一一節)と語っています。著者は、くどいと思われることをお構いなしに、三節と五節でこの言葉を繰り返します。神は、荒野の不従順な民を決して「わたしの安息」に迎え入れませんでした。出エジプトの文脈では、不従順な民が入れなかったのは、約束の地です。他方、詩篇九五篇が語っているのは、神の「わたしの安息」です。

著者は、神の「わたしの安息」の説明のために、創世記二章の物語を引用します。神は天地創造のみわざを「成し遂げられて」、「そして神は、第七日に、すべてのわざを終えて休まれた」(創世二・二と出エジプト二〇・一一の引用)とあるとおり、神の「わたしの安息」とは神が休まれる安息のことです。詩篇九五篇に従うなら、不従順な民があずかれなかったのは、約束の地だけでなく、この神の安息でした。

「その安息に入る人々がまだ残っていて……
『今日、もし御声を聞くなら、
あなたがたの心を頑なにしてはならない』
と語られたのです。……」（六～八節）。

「以前に良い知らせを聞いた人々」とは、約束の地カナンに入れるという約束を聞いた荒野のイスラエルの民のことです。彼らは不従順のために入れませんでした。この出来事が起こって何百年も後に、「ある日を『今日』と定め、長い年月の後」、神がダビデを通して、詩篇九五篇を語られました。この詩篇は「あなたたちは、詩篇九五篇を通して神の声を聞く今日、心を頑なにしてはならない。心を柔らかくして神の安息に入れ」と読者に勧めています。この勧めが意味を持つのは、詩篇九五篇が読まれる今日、「神の安息に入るための約束がまだ残っている」からです。

約束の地に入るという地上的な安息だけの問題なら、モーセの後継者ヨシュアがイスラエルの民を約束の地に導いたので、この詩篇が語られていたとき、解決していました。ですから、九五篇の語る安息は、あくまでも神の「わたしの安息」です。「信じた私たちは安息に入る」（三節ａ）は、天地創造の際に定められた神の安息に私たち教会は入る、という意味です。著者は、不信仰のゆえに約束の地カナンに入れなかった物語を思い起こしつつ、地上の安息のことではなく、永遠の神の「ご自分の安息」（ヘブル三・一八）へと、私たちキリスト教会は招かれていることを思い巡らしています。そして、不信仰な旧約の民の前例に倣うことなく、信仰を持ってこの約束を受けとめ、神の安息に入ろう、と読者に勧めています。これが今日の中心メッセージです。

「したがって、安息日の休みは、神の民のためにまだ残されています」（九節）。

「安息」という言葉はこれまで何度も出ているのですが、九節だけが「安息日の休み」と「安息日」という言葉を用いています。一節の「神の安息に入るための約束がまだ残っている」は、六節の「安息に入る人々がまだ残っていて」へと続き、九節の「安息日の休みは、神の民のためにまだ残されています」に至ります。ここでの「神の民」はキリスト者のことです。安息日の祝福の約束は、キリスト者に向けて語られています。

「神の安息に入る人は、神がご自分のわざを休まれたように、自分のわざを休むのです」（一〇節）。

創世記において、神は天地創造のわざを終えて休み、安息に入られました。キリスト者も然《しか》りです。自分のわざを終えた後に、神が用意してくださった神の安息へと進みます。キリスト者としてのわざには、定年も引退もありません。病気になったら休むようなわざではありません。ここでの「わざ」とは、神の約束を信じて生きることです。この世にあっては巡礼者・寄留者のように、神の御前にあっては礼拝者として、みこころを求めて日々を生きるというわざをし続けます。そのわざを終えて、神の安息に入ります。

「この安息に入るように努めようではありませんか」（一一節）。

努めることをやめると、旧約の「不従順の悪い例に倣って落伍」する者が出るかもしれません。努めるとは、苦しいというニュアンスも含む熱心さのことです。安息と聞くと、ソファーに体を委ね、あるいは温泉に浸かり、「あぁ安息」みたいな感じを抱くかもしれません。しかしここで求められているのは、安息に入る苦しみをも伴う努力です。

私たちは、安息日ごとにこの世の仕事を休み、礼拝を守り、「わたしがあなたがたを休ませてあげます」（マタイ一一・二八）と語られた主イエスのもとで確かに憩います。礼拝を通して、信仰者として生きるというわざをし続ける活力を取り戻します。そのわざにはいつか終わりが来ますが、その先に神の安息が私たちを待っています。安息日ごとに憩うことが、本当の安息を求める強い熱心さを生み出します。神の安息に入れるという約束があるから、それを本気で追求します。この熱心さが冷えてしまったら、教会はいのちを失います。

ご自分の安息に憩いでいる神は、同時に、働いてくださる神です。神の安息がどれほどすばらしいかということを知っているからこそ、あなたもここに来てわたしと一緒に憩おうと、神は一生懸命に招いておられます。旧約においては詩篇九五篇を通して、新約においては本書を通して、ご自分の安息に招いてくださいました。「あの不従順の悪い例に倣って落伍し」、この招きを無駄にしてはなりません。

＊　　＊　　＊

本書の著者は、あなたがたのうちからだれか一人であっても、この安息に入れないような者が出ないようにと、恐れと心配をもって語りかけています。神の安息に憩うとは、決して自分一人で寛《くつろ》ぐことではありません。神と共に神の民と共に憩うことです。信仰の旅から落伍しそうになる私たちに、神は旧約聖書の物語を思い起こさせ、手取り足取り導いてくださいます。私たちキリスト者は、主イエスと共に休む永遠の神の安息へと、今、安息日の主の日ごとに招かれています。私たちは皆で励まし合い、神の安息に入る日まで、神の安息を求め続ける努力を熱心に重ねます。

12　剣より鋭い言葉

〈ヘブル四・一二～一三〉

「12 神のことばは生きていて、力があり、両刃の剣よりも鋭く、たましいと霊、関節と骨髄を分けるまでに刺し貫き、心の思いやはかりごとを見分けることができます。13 神の御前にあらわでない被造物はありません。神の目にはすべてが裸であり、さらけ出されています。この神に対して、私たちは申し開きをするのです。」

本日の箇所は、「心を頑なにしてはならない」（四・七）という勧めを必要とした人に語られています。読者は福音を拒んだユダヤ人ではなく、教会に集まって神のことばに耳を傾けている信徒です。では、彼らの心の頑なさとは何だったのでしょうか。心の頑なさへの警告である詩篇九五篇がたびたび記されているのは、他人事として読み飛ばしてしまうような頑なさがあったからでしょう。「詩篇はそういうふうに言ってるなぁ、旧約の民は頑なだったんだ」と語られていることが分かっても、ことばが自分の傍らを通り過ぎてしまうような読み方です。神への意図的な反逆心というより、裁きと警告のみことばを自分のこととして受けとめることができない頑なさです。心が硬化し、罪の指摘に鈍感になり、自分の心の頑なさが分からなくなってしまうとすれば、最も怖い心の頑なさではないでしょうか。この箇所では、そのような者に働きかける神のことばの生ける力が示されています。

「神のことばは生きていて、力があり、両刃の剣よりも鋭く、たましいと霊、関節と骨髄を分けるまでに刺し貫き、心の思いやはかりごとを見分けることができます」（一二節）。

一二節の解説に入る前に、ヘブル人への手紙の文脈に占める本日の箇所の意義を確認しておきましょう。本書は、次のような言葉で始まっていました。神は、旧約においては預言者たちによって、新約時代は御子にあって語りかけておられます（一・一〜二）。この箇所は、実は、一章から展開されてきたことの締め括りです。ここまでの主題は「神が語られる」ということです。詩篇九五篇引用の際、本書は「聖霊が言われる」（三・七）、また「神は……ダビデを通して……語られた」（四・七）という導入句を添えています。繰り返される「今日、もし御声を聞くなら」（三・七、一五、四・七）というメッセージは、神（聖霊）が今日も語っておられることを前提としています。「神のことば」とはもちろん、昔書かれた聖書のことばのことですが、もっと動的にとらえましょう。今語られている「神のことば」です。著者を通して今、神が語っておられます。本書全体が神のことばです。神のことばとは、神のことばを今解き明かしている説教者の言葉でもあります。神は説教者を通して語っておられます。

神ご自身が生きておられ、その神が語られることばは生きています。人の心に何が隠れているのかを明らかにします。人は、この神の御前に申し開きをしなければなりません。「両刃の剣よりも鋭く」は比喩です。両刃の剣は、なぎ倒すような大太刀ではなく、原語は短刀です。外科手術をするときのメスみたいなものを連想するとよいでしょう。言いたいことは、鋭くよく切れる、ということです。「たましいと霊、関節と骨髄を分ける」とあります。たましいと霊がどう違うのか、よく分かりません。すべての訳は、関節と骨髄となっています。ここでの関節は、背骨の脊柱ではないでしょうか。脊柱をメスで切り離すと、中から骨髄が溢れ出てきます。関節と骨髄を引き離すことは、困難な外科的手術です。私たちが区分できないような違いであっても、神のことばは刺し貫き、切り分け、痛みを伴うことがあったとしても、その違いを明らかにする、ということです。

これらの比喩で伝えたいことは、神のことばは人の心の中にある思いやはかりごとのすべてを見分けることができるということです。ここで、思いとはかりごとがどのように違うのかを詮索しても無意味です。神の御前で明らかにならない思いは何一つありません。実際、いろいろなものが心を覆っています。メスで一つ一つを切り分けるように、あるいは膜をはがすがごとくに、その心の覆いが取り除かれます。確信と強情、信仰的高揚と自己陶酔、思いやりの心とお節介の心、伝統継承の熱意と変革する勇気の欠如などは、通常一体化しており、それがどこで区分できるかは、自分でも分からないのではないでしょうか。心の本質と言える部分は、それが人前で明らかにならないように、信仰的な言葉でかなりカモフラージュされています。神のことばは、心の思いやはかりごとに分け入り、美化されている自己認識を解体し、罪の本質をあぶり出します。心の頑なさを取り除く作業は、自分の不従順な姿を認めることから始まります。

「神の御前にあらわでない被造物はありません。神の目にはすべてが裸であり、さらけ出されています。この神に対して、私たちは申し開きをするのです」（一三節）。

一二節で語られたことが、一三節でさらに説明されています。神は創造主であられるから、ご自分が造られたすべての被造物をだれよりもご存じです。私たちが自分で自分のことを知っていると思う以上に、私たちの創造者である神は、私たちがどのような者であるかをご存じです。一三節では、「神の御前に」と「神の目に」という言葉が重ねて用いられています。神はすべてを見透す目を持っておられます。私たちキリスト者はその神の御前で生きています。私たちはこの神に申し開きをしなければなりません。

そうだとすれば、罪を隠し立てすることは、いかに愚かなことでしょうか。神の御前でも、人の前でも、です。心の頑なさへの言及は、詩篇九五篇のほかに箴言にもあります。「富む者には自分が知恵のある者に見える。しかし……自分の背きを隠す者は成功しない。告白して捨てる者はあわれみを受ける。幸いなことよ、いつも恐れる心を持つ人は。しかし、心を頑なにする者はわざわいに陥る」（二八・一一〜一四）。ここでの心の頑なな者は、自分を賢いと思い込み、罪を隠している人です。心の頑なさからの脱却は、罪を認めるだけでなく、「神に対して、私たちは申し開きを」し、罪を告白し、あわれみを受けることです。

ところで邦訳では分からないのですが、一二節と一三節は言葉遣いの上でも密接に結ばれています。直訳すると、一二節は「生きている、神のことば」で始まり、一三節の文末は「私たちに関することば」です。一二節の私たちのことばは、一二節の神のことばに呼応して語り出されるものです。神のことばは人に応答を求めます。黙って下を向いてその場をやり過ごすことはできません。真実なことばのやりとりは、どこにおいてもいつも必要です。神に申し開きをする際、言葉を濁すことは許されず、借り物の言葉は通用しません。神の目において明らかにされた姿をなぞるようにして、また神のことばに導かれて、自らの姿を自分の言葉で神の御前で語ります。

神のことばが、思いと考えの正邪を識別していくとき、私たちは自らの罪を告白せざるを得ません。「綺麗事をいっぱい語ってきましたが、その言葉の背後にあった心の奥に隠れていた思いは、あなたのご指摘のとおりです。何を改めたらよいかを知らずに、何一つ自分を変えようともせず、定型句のように悔い改めると語ってきました。悔い改めの実りを探されるあなたの目に、私は耐えられません。お赦しください。あわれんでください」と神の御前での終末的な総決算ともいえる出来事が、神のことばを聞くたびに起こります。説教を聞くとは、メスで患部を「刺し貫く」厳しい手術を伴いますが、心の頑なさを癒やす恵みの作業です。罪の自覚とその告白にまで導き、赦しの確信を与えるのが神のことばであり、神のことばの説教です。

神は、人から真摯な応答が立ち上がることを願って、神のことばを語られます。神のことばの力は、認めたくない自分の罪を認めさせ、申し開きの言葉を与え、真の悔い改めへと導きます。説教が不十分であったとしても、聞き方に欠けがあったとしても、人間の弱さは、「生きていて、力があ」る神のことばの働きを封じ込めることはできません。語られた神の願いは、神のことばに力があるから、心の頑なな者たちの中にあっても必ず実現されます。

*　*　*

本日の箇所はこれまでの締め括りであり、これから大祭司のことが語られる備えともなっています。四章一四節から一〇章一八節まで、主イエスの大祭司としての働きが展開されます。自分の罪を見つめた者にしか、大祭司・主イエスの恵み深さは分かりません。自分には大祭司・主イエスが必要だと気づいた者のみが、そのお働きに感謝をささげます。神のことばにより心探られて、自らの心の頑なさを悔い改めた者は、大祭司・主イエスにより、神の近くにさらに導かれます。両刃の剣のような神のことばは、さらに比喩を重ねれば、天への跳躍台です。心探られ悔い改め、全存在をかけて力強く踏み込む者は、大祭司・主イエスに抱かれて大ジャンプをし、天へと駆け上ります。

13　大胆に生きる

〈ヘブル四・一四〜一六〉

「14 さて、私たちには、もろもろの天を通られた、神の子イエスという偉大な大祭司がおられるのですから、信仰の告白を堅く保とうではありませんか。15 私たちの大祭司は、私たちの弱さに同情できない方ではありません。罪は犯しませんでしたが、すべての点において、私たちと同じように試みにあわれたのです。16 ですから私たちは、あわれみを受け、また恵みをいただいて、折にかなった助けを受けるために、大胆に恵みの御座に近づこうではありませんか。」

前回私たちは、四章一二〜一三節に耳を傾けました。みことばにより心を探られる体験をしました。他人を見て頑なな人だと思っている自分こそが、頑なな人間です。私たちは多くの場合、罪に気づかず傲慢になるか、罪に気づいて弱気になるか、どちらかです。本日の説教題は、罪深い自分に気づいても、尻込みせずに、神に向かって「大胆に生きる」です。

「私たちには……神の子イエスという偉大な大祭司がおられるのですから、信仰の告白を堅く保とうではありませんか」（一四節）。

本書の読者は、罪のとりなしを行う大祭司の働きを知っていました。そのことを踏まえたうえで著者は、主イエスこそが天におられる偉大な大祭司である、と語ります。実は、大いなる祭司が大祭司です。その大祭司を「偉大な」と修飾するのは、不自然です。このような言い方で、読者が知っている大祭司と比べることができないほどに偉大なお方である、と読者の注意を喚起しています。このお方の偉大さは、五章以降で丁寧に解き明かされます。

「神の子」、「イエス」、「偉大な大祭司」と言葉が並びます。よくある表現のようですけれども、「神の子イエス」と出てくるのは、聖書の中でここだけです。「イエス」とは、本書では人間イエスのことです。「神の子」とは、天使よりもすぐれた神であるお方のことです。人間イエスは神であり、私たちの大祭司である、と宣言しています。ヨハネの手紙第一に「だれでも、イエスが神の御子であると告白するなら」（四・一五）とあります。「神の子イエス」という言葉は、最も短い信仰告白です。「この告白にしがみつこう。絶対に手放してはならない」と著者は勧めます。

「私たちの大祭司は、私たちの弱さに同情できない方ではありません」（一五節a）。

ここでの「弱さ」は複数形です。一つの弱さではなく、あらゆる弱さが含まれています。

パウロは「自分の弱さを誇りましょう。……侮辱、苦悩、迫害、困難」と列挙していますⅡコリント一二・九～一〇）。パウロの言葉で弱さを理解してみましょう。「侮辱」とは、見下され、自己評価をも下げざるを得ない状況です。こんちくしょうと思ってしまいます。「苦悩」は、邦訳では「危機」、「苦痛」、「窮乏」と訳語が定まっていません。原語から連想すると、必要が満たされず、喉を絞められるような苦しさのことでしょうか。「迫害」は、当時のキリスト者が体験していたことです。「困難」は、狭い所に押し込まれ、進むことも退くこともできず、行き詰まりに耐えるしかない状況です。さらに補ってみると、病気や老いも弱さに含まれるでしょう。妬んだり、軽蔑したり、自惚《うぬぼ》れたりすること、罪の誘惑にすぐ負け、悪いと知りつつもやめられない悪癖等、これらも弱さです。

「私たちの弱さに同情できない方ではありません」とあります。否定語が二つ重ねられて、必ず絶対に同情してくださることが強調されています。ここでの「同情」とは、人の苦しみを外から眺めて、大変だなぁと思いを寄せるということではありません。直訳すると、「共に苦しむ」です。苦しんでいる人の中に飛び込んでいき、一緒に苦しむ。相手の苦しみをそのまま自分の苦しみとして担う。苦しみを分かち合う者として同じ情で結ばれるような同情です。

人間イエスは、人の苦しみをご自分でも体験され、同情することができます。神の子イエスは、神であるがゆえに、人と違って途中で投げ出すことはなく、どこまでも寄り添うことができます。そして、同情できる力を持っているお方が、実際に今、私たちに同情してくださっています。弱い自分と向き合わざるを得ないとき、大祭司・神の子イエスが、必ず共にいてくださり、同情してくださっています。そのことを確信しましょう。弱さの体験は、大祭司・神の子イエスを身近に覚える恵みの時です。ですから使徒パウロは、「私が弱いときにこそ、私は強い」(Ⅱコリント一二・一〇)と語ることができました。

「罪は犯しませんでしたが、すべての点において、私たちと同じように試みにあわれたのです」(一五節b)。

福音書には主イエスが体験された試みが記されています。「神の子なら、石をパンに変えられるだろう。飛び降りても、守られるだろう。すべての栄華を手に入れたらよかろう」と、サタンの試みを受けられました(参照マタイ四・一〜一一)。家族との関わりにおける葛藤をも体験されました(マルコ三・三一〜三五)。パリサイ派の人々が、罠を仕掛けた論争を挑んできました。ゲツセマネの祈りの苦悩、弟子に裏切られること、人々に嘲られ、神に見捨てられる十字架は、まさに試みそのものでした。大祭司・神の子イエスは、私たちが受けるありとあらゆる試み・誘惑をご自身で体験されました。ですから、試み・誘惑の中にある者をしっかりと受けとめてくださいます。

御子としてのキリスト(参照三・六)を語ってきた著者は、言葉遣いを変え、そのお方を神の子イエスと表します。この方は、私たちと違い、あらゆる試みにあいつつも、「罪は犯しませんでした」。父なる神のみこころを求め、神に喜ばれる道を歩み貫かれました。人間イエスが罪の誘惑と試練がひしひしと押し寄せていたなかにあっても、それでも罪を犯されなかったのは、神の子であったから、としか言いようがありません。

説教準備中に、「堕落する者は、誘惑の力が頂点に達する前に屈服する」という言葉と出合いました。私たちは試みの辛さを語ったとしても、多くは負けて嘆いているにすぎません。主イエスは、サタンの力を振り絞った誘惑を受け、ご自分の中にある弱さが極限に達しても、その中で戦い続け、罪を犯されませんでした。試みの厳しさを骨の髄まで味わい尽くし、勝利されたお方ですから、罪の誘惑に苦しむ私たちに同情し、私たちを助けてくださいます。このお方が、偉大な大祭司・神の子イエスです。主イエスの無罪性は、これから展開されるテーマの一つです。

「ですから私たちは、あわれみを受け、また恵みをいただいて、折にかなった助けを受けるために、大胆に恵みの御座に近づこうではありませんか」（一六節）。

「恵みの御座」は、あまり見かけない言葉です。よく用いられるのは、裁きの座です。神の御前に出るとき、神の座の前で裁きを受け、下された裁きに服するしかありません。そうだとすれば、怖くて、だれが裁きの座に近づけるでしょうか。しかし、天で神の右には、大祭司・神の子イエスがおられます。主イエスのとりなしのゆえに、裁きの座は神の子イエスによる赦しの座、つまり恵みの座に変えられました。偉大な大祭司・主イエスがとりなしてくださっているのだから、私たちは大胆に近づこう、と励まされています。

　実は「座に近づく」は、礼拝用語です。毎週、罪深い者が教会に集い、礼拝をささげ、神に近づくことができるのは、私たちの大祭司・神の子イエスが神の右にいてくださるからです。「大胆に」とは、「確信をもって」とも訳せます。大祭司・神の子イエスのとりなしを確信して、御前に進み出ます。

「あわれみを受け、また恵みをいただいて」とあります。「あわれみ」と「恵み」は、契約の確かさを表す言葉です。旧約聖書、新約聖書とあるように、聖書の宗教は契約の宗教です。神の確かな契約が、罪深い私たちに対して結ばれています。この契約成立の根拠が、神のあわれみと恵みです。神にあわれみと恵みがあるから、私たちの罪は赦され、私たちは契約にとどまることができます。

「折にかなった助け」とは、日々その都度、必要な助けです。「日用の糧を今日も与えたまえ」との主の祈りで祈っていることです。私たちは、礼拝をささげながら心の中で、「今日ここに集っていますが、私の人生がどれほど大変なのかあなたはご存じのはずです。折にかなった助けをお与えください」と祈っています。神は、罪の赦しと永遠のいのちの恵みに合わせて、日常のあらゆる助けをも用意しておられます。

＊　　＊　　＊

いつも試みや誘惑が私たちを攻めたてています。自らの弱さを悲しく思うことがいかに多いことでしょうか。罪深さに気づくとき、自分みたいな者が礼拝の場を汚してよいのかと、礼拝出席をためらうことがあるかもしれません。しかし、礼拝から遠ざかると、誘惑に負け続け、もっと頑なになり、神から離れるばかりです。決してそのようになってはなりません。そのために本書が記されています。主イエスが臨在くださる礼拝には、裁きではなく恵みが溢れています。信仰の人生を全うするために、私たちには天からの助けが必要です。神の御前では「すべてが裸であり、さらけ出されています」(四・一三)。ですから、あるがままの姿で、大祭司・神の子イエスに寄りすがり、とりなしがあることを確信して、「大胆に恵みの御座に近づ」きましょう。

14　苦しみによって学ぶ従順

〈ヘブル五・一～一〇〉

「1大祭司はみな、人々の中から選ばれ、人々のために神に仕えるように、すなわち、
ささげ物といけにえを罪のために献げるように、任命されています。2大祭司は自分自身
も弱さを身にまとっているので、無知で迷っている人々に優しく接することができます。
3また、その弱さのゆえに、民のためだけでなく、自分のためにも、罪のゆえにささげ物
を献げなければなりません。4また、この栄誉は自分で得るのではなく、アロンがそうで
あったように、神に召されて受けるのです。
5同様にキリストも、大祭司となる栄誉を自分で得たのではなく、
『あなたはわたしの子。
わたしが今日、あなたを生んだ』
と語りかけた方が、それをお与えになったのです。6別の箇所でも、
『あなたは、メルキゼデクの例に倣い、
とこしえに祭司である』

と言っておられるとおりです。7 キリストは、肉体をもって生きている間、自分を死から救い出すことができる方に向かって、大きな叫び声と涙をもって祈りと願いをささげ、その敬虔のゆえに聞き入れられました。8 キリストは御子であられるのに、お受けになった様々な苦しみによって従順を学び、9 完全な者とされ、ご自分に従うすべての人にとって永遠の救いの源となり、10 メルキゼデクの例に倣い、神によって大祭司と呼ばれました。」

旧約時代、人々は罪を犯して神に赦しを乞うとき、大祭司の仲介によって神と和解しました。本日の箇所は、大祭司についての共通理解から出発して、旧約時代の大祭司とは比べようがないほどはるかにすぐれた偉大な大祭司キリストを明らかにしていきます。大祭司を身近に覚えることができていた環境において、キリストが私たちの大祭司であるという本書の主張は、読者の心に届いたことでしょう。

「……**大祭司は自分自身も弱さを身にまとっているので、無知で迷っている人々に優しく接することができます**」（一～二節）。

「大祭司はみな、人々の中から選ばれ、人々のために神に仕えるように、すなわち、ささげ物といけにえを罪のために献げるように、任命されています」は、当時の人ならだれでも知っている大祭司についての説明です。無知な人や迷っている人に優しく接することは、旧約の大祭司にとっても、なくてはならない特質です。大祭司は、自分自身も弱さを身にまとっているので、自分のことを鑑みると、とりなしを求めに来た人を責め立てることはできないはずです。

ところで、「優しく接する」は、聖書的な用語ではなく、類似語はギリシア哲学に登場します。これまでは、「思いやる」と訳されていました。意味の取りにくい言葉ですが、ニュアンスとしては、「感情を抑制する」です。怒りに身を任せるような態度を自制します。無関心に突き放すことなく、思い入れし過ぎることなく、常に感情をコントロールして、程よい距離感をもって罪人と向き合います。他方、大祭司・主イエスは、前回学んだように、苦しむ者と一体化して、苦しむなかで同じ情を抱くような仕方で同情してくださいます（四・一五）。「優しく接する」と「同情」は、日本語ではほぼ同じ意味で用いられますが、本書では区別されています。これにより、同情することができるキリストの卓越性が浮き彫りにされています。

「その弱さのゆえに、民のためだけでなく、自分のためにも、罪のゆえにささげ物を献げなければなりません」（三節）。

旧約の大祭司は自分も罪を犯しますから、自分のためにも罪の赦しを求めてのささげ物が必要です。他方、神の子イエスは罪を犯すことのない大祭司です（四・一五）。これは根本的な違いです。自分の罪の赦しのためには何一つ働く必要がなく、罪人の赦しのためだけにすべてを注ぎきることができる大祭司、このお方がキリストです。

「この栄誉は……神に召されて受けるのです。同様にキリストも、大祭司となる栄誉を自分で得たのではなく……

『あなたは、メルキゼデクの例に倣い、とこしえに祭司である』（四〜六節）。

旧約の大祭司もキリストも、自分で立候補して大祭司になったのではなく、神によって立てられました。著者がキリストを大祭司と呼ぶのは、決して著者の思いつきではありません。神によって立てられたことを読者に納得させようと、著者は詩篇を引用します。五節は二篇、六節は一一〇篇です。どちらも、メシア（キリスト）を指し示す詩篇として初代教会に定着していました。神はキリストに対して、詩篇二篇で「わたしの子」（七節）と宣言し、詩篇一一〇篇で「わたしの右の座に着いていなさい」（一節）と命じ、さらに「祭司」（同四節）と呼んでおられます。メルキゼデクのような祭司は、詩篇によれば、「とこしえの祭司」であり、本書によれば「大祭司」です（一〇節）。神の右に着座された御子キリストは、メルキゼデクの祭司職を継ぐとこしえの大祭司です。メルキゼデクに関しては、今後改めて学びます。

「キリストは、肉体をもって生きている間、自分を死から救い出すことができる方に向かって、大きな叫び声と涙をもって祈りと願いをささげ、その敬虔のゆえに聞き入れられました」（七節）。

旧約の大祭司が献げるのは、おもに動物犠牲です（一、三節）。九章でのキリストのささげ物はご自分の体です（一四節）。この対比は、本書全体で取り上げられる大きなテーマです。五章では、キリストがささげるのは、祈りと願いです。「死から救い出す」お方を信じるとは、死の危険からの救いだけでなく、死そのものからの救いである復活をも信じることです。祈り願った内容を文脈から補うとすれば、大祭司の働きを全うすることによって、罪人が救われることです。職務への忠実さと祈りの熱心さにおいて、キリストの祈りは「その敬虔のゆえに聞き入れられました」。

「肉体をもって生きている間」、つまり地上のご生涯でささげられた叫び声と涙が取り上げられています。エルサレム入城時の涙と十字架上での叫び声はありますが、ゲッセマネの祈りにおいては叫び声も涙もありません。詩篇は、叫び声と涙を伴う苦難の中での祈りを幾つも収録しています。著者は、イエスの地上の歩みに関して、詩篇引用からなる、福音書とは別の伝承を持っていた可能性があります。あるいは七節の背後に、当時の賛美歌があったという説もあります。大きな叫び声をあげ、涙を流しながら罪人のために祈りと願いをささげてくださった大祭司キリストの祈りの姿を、本書を通して心に刻むことができます。

「キリストは御子であられるのに、お受けになった様々な苦しみによって従順を学び、完全な者とされ、ご自分に従うすべての人にとって永遠の救いの源となり……神によって大祭司と呼ばれました」（八～一〇節）。

旧約時代の備えを経て新約時代に進み、「人々の中から選ばれ」（一節）ていた大祭司に、キリストがなってくださいました。ここでもキリストが御子であると説明されています（参照三・六）。本書は、救いをもたらす者として神の御前で完全な者となるには、御子であるだけでなく、御子が苦しみを通ることの必要性を繰り返し語ります（二・一〇）。なぜ神が罪人を赦し救われるのか、その根拠はすべて、苦しみを受けられた御子キリストの中にあります。彼こそ、「永遠の救いの源」です。

苦しみによる学びは、ギリシア文学でよく扱われるテーマです。原語では、「学ぶ」と「苦しみ」は発音がよく似ており、「苦しみによって学ぶ」というフレーズは暗記しやすいものとなっています。一般的な意味は、知恵のない者は苦しい目にあい、痛い思いをしないと学ばない、という否定的なものです。著者は、巷《ちまた》に流布している表現を用い、全く別なことを語ります。キリストは神の御子です。父なる神の心をだれよりもご存じです。神に従うことを自らの喜びとしておられます。苦しみによって学ぶ必要など全くなく、御子であるがゆえに従順を知っておられました。しかしキリストは、神の御子であるにもかかわらず、真の人となられました。人として従順に生きるには、苦しみの炉による練り清めが必要であることを、キリストは受け入れておられます。そして実際、「大きな叫び声と涙をもって」なされたキリストの働きは、苦しみを伴うものでした。

「従順」は、原語では、「下で聞く」という言葉です。十字架へと進む苦しみの下で、神に聞き従うことを学ばれました。知恵ある者も愚かな者もすべての人は、神の従順を学ぶには苦しみの下で神の御声を聞くことを学ばねばなりません。

また九節は、神への従順ではなく、キリストご自身に従う従順さを読者に求めています。私たちが人生をかけて学ぶのは、このキリストへの従順です。信仰の学びは聖書を読むしかありませんが、それは決して知的な学びに終始するものではありません。苦しみの中でみことばを聞き、苦しみを耐え忍ばれた主イエスを思い起こし、そのキリストに従うことを学びます。御子でさえ苦しみの中で学ばれたのですから、私たちにとっても苦しみは学びの場です。

「苦しみ」とは、求めるものではなく、避けようとしても避けられないものです。苦しみが襲ってきたとき、今こそ従順を学ぶとき、と覚悟を定めましょう。そこでしか聞くことのできないみことばがあり、身に付かない学びがあります。苦しみの中で従順を学ばれた大祭司・主イエスは、苦しみの中でご自身に従う者を必ず支えてくださいます。

＊　　　＊　　　＊

説教準備中に、自分はこれまで神に向かって叫び声をあげ、涙を流してきただろうか、それも、自分のためではなく他者のために、どこまで真剣になれたのだろうかと反省しました。程よい距離感を保つことしかできませんでした。この悲しさを覚えるなかで、キリストの篤《あつ》い思いが迫ってきました。罪人のために、弱さを抱える私たちのために、激しい叫び声をあげ、涙を流しながらとりなしてくださるお方が、私たちの大祭司キリストです。旧約の民とは比べものにならないほどの祝福の中を歩んでいます。キリストが学ばれた従順を、キリストから教えていただきましょう。

15 成熟を目指して

〈ヘブル五・一一〜六・三〉

「11このメルキゼデクについて、私たちには話すことがたくさんありますが、説き明か
すことは困難です。あなたがたが、聞くことに対して鈍くなっているからです。12あなた
がたは、年数からすれば教師になっていなければならないにもかかわらず、神が告げたこ
とばの初歩を、もう一度だれかに教えてもらう必要があります。あなたがたは固い食物で
はなく、乳が必要になっています。13乳を飲んでいる者はみな、義の教えに通じてはいま
せん。幼子なのです。14固い食物は、善と悪を見分ける感覚を経験によって訓練された大
人のものです。
6・1ですから私たちは、キリストについての初歩の教えを後にして、成熟を目指して
進もうではありませんか。死んだ行いからの回心、神に対する信仰、2きよめの洗いにつ
いての教えと手を置く儀式、死者の復活と永遠のさばきなど、基礎的なことをもう一度や
り直したりしないようにしましょう。3神が許されるなら、先に進みましょう。」

オリンピック、パラリンピックが日本開催となり、テレビはその出場選手たちのことを丁寧に取り上げていました。義足を付けた陸上選手を紹介する番組がありました。最新の脳科学が義足の選手の脳を調べると、ないはずの足を動かす神経回路が脳の中に形成されていたとのことでした。義足と脳の神経回路が結ばれているわけではありませんが、脳は義足を使っている感覚を把握していました。これは、試行錯誤を伴う、日々の練習の賜物です。訓練によって、体の動きだけでなく脳も鍛えられることを、驚きをもって知りました。

「このメルキゼデクについて、私たちには話すことがたくさんありますが、説き明かすことは困難です。あなたがたが、聞くことに対して鈍くなっているからです」（五・一一）。

前回学びましたように、キリストはメルキゼデクと同じような大祭司です。本日はその続きです。著者はこのことを説明する言葉をたくさん持っている、と語っています。実際に、六章二〇節にメルキゼデクへの言及があり、それに続く七章から一〇章一八節までが、メルキゼデクのような大祭司キリストを解き明かす本書の中心部分です。

その本論に進む前に、著者は聞く準備ができているか、と読者に問いかけています。耳が鈍くなっている者は聞いても理解できないからです。「鈍い」とは、「怠け者」（六・一二）と同じ言葉です。語られている事柄の重要性が分からず、聞くことに関し真剣さがないのでしょう。著者は本書の主題を語るにあたり、主体的に積極的に聞くようにと、聞く側の姿勢を正そうとしています。

「あなたがたは固い食物ではなく、乳が必要になっています。乳を飲んでいる者はみな、義の教えに通じてはいません。幼子なのです」（五・一二〜一三）。

著者は読者に向かって、人に教えることができるほどに聞いてきたはずなのに、まだ幼子のレベルにとどまっている、と語っています。霊的な大人になるには、飲み込むだけで栄養になる乳ではなく、咀嚼《そしゃく》が必要な固い大人の食物を食べねばなりません。「乳」は、聞いてすぐに分かる言葉です。「固い食物」は、自分の歯で噛み砕いて、もぐもぐして、初めて喉を通ります。難しいと思っても、吐き出さず、心に蓄えて考え続けます。乳ばかりを飲んでいては、幼子のままです。そのような人は、義の言葉に慣れておらず、すぐに消化不良を起こします。

難しい事柄であっても、分かるように易しく語らねばなりません。それは確かです。著者はそのような努力を精いっぱいしています。当時の人ならだれでも理解できる文学的なレトリックが、本書には多用されています。そうではありますが、人を義とする救いの言葉に通じるには、すぐ分かる乳のような飲み物ではなく、噛みごたえのある骨太の言葉が必要です。本当に分かったと言えるようになるには、分かりやすく語るだけでは達成できず、本気で熱心に聞く受け取り側の参与が必要です。

固い食物が、「義の教え」と言い換えられています。具体的には、人を義とする大祭司キリストとしてのお働きを語る教え・言葉です。母親は、乳離れが必要な子どもには、子どもが乳を求めても、大人の食物を与え始めます。著者は、読者の霊的状態を見て、難しいと思われたとしても、メルキゼデクのような大祭司キリストをどうしてももっとたくさん語らねばならない、と心を定めています。

「固い食物は、善と悪を見分ける感覚を経験によって訓練された大人のものです」（五・一四）。

一人前の大人は善悪を見分けるとあります。「善と悪」を直訳すると、「美しさと醜さ」です。ここで問われているのは、道徳的な善悪の判断よりはむしろ、神は何を美しいと喜ばれるのか、何を醜いと嫌われるのかを見分ける峻別力です。それは、理性的な判断よりはむしろ、感覚的な判断です。それも、持続的に繰り返される習慣を伴う経験によって訓練されて初めて身に付くものです。

何をするにしても、神に喜ばれることと神に嫌われることとは何かを繰り返し尋ね求め、その都度瞬時に峻別できる、訓練された感覚を持っている人が、霊的な大人です。そのためには、固い言葉をしっかり聞かねばなりません。みことばの理解力の乏しさは、知的なレベルの問題ではなく、実は、日常生活における神の前での判断力の欠如と直結しています。

「キリストについての初歩の教えを後にして、成熟を目指して進もうではありませんか。……基礎的なことをもう一度やり直したりしないようにしましょう。……先に進みましょう」（六・一〜三）。

乳ではなく固い食物を、という比喩的な勧めが、初歩にとどまらず成熟を目指そうと展開されています。初歩的な教えとして、六項目挙げられています。「死んだ行いからの回心」、「神に対する信仰」、「きよめの洗いについての教え」、「手を置く儀式」、「死者の復活」、「永遠のさばき」です。説教準備中、これらが何を指しているのかいろいろ調べました。分かるところもあるのですが、確定させる困難さを覚えました。

「死んだ行い」という言葉は、本書だけに登場する用語です。死に至らせる行為と理解できるでしょう。「回心」は、悔い改めと同じ言葉です。未信者からの一回限りの回心か、キリスト者になっても繰り返し行う悔い改めかは、ここからは分かりません。「きよめの洗い」は、原語は複数形で、洗礼を表す専門用語ではありません。祭儀的なきよめの儀式のことかもしれません。「手を置く儀式」を含めて、当時の読者にはよく分かる事柄だったのでしょうが、これは何かなぁ、と今の私たちは推測するしかありません。

はっきりしているのは、「神に対する信仰」、「復活」、「永遠のさばき」の三点です。これはキリスト教信仰の基礎となる土台であり、出発点です。そうではありますが、これらは旧約聖書に教えられており、パリサイ派の人々も信じていました。ユダヤ教とキリスト教の共通項とも言え、どちらを信じる人も一様に頷《うなず》くことができます。ここには、キリスト教独自の教えである主イエスに関する明確な言及はありません。著者は、ローマ帝国からの迫害、近隣のユダヤ教徒との軋轢《あつれき》、それらを抱えている教会に向かって語りかけています。共通の理解にとどまるのではなく、仮にユダヤ教徒との対立が激しくなるようなことがあったとしても、それでも先へと進み、キリストの恵み深さをもっと豊かに味わおう、と著者は励まします。キリストの恵みのことばを聞き分ける信徒の群れを形成することが著者の願いです。

著者から見て、読者の成長は思いのほか遅いのです（五・一二）。進歩というよりは後退が起こり始めています。次回学びますが、著者は四節以降で非常に厳しい警告を語っています。そう語らねばならない危機感が著者にはあります。「成熟を目指して進もう」と勧めるのは、成熟していないと信仰の試練が迫るときに、耐えられずキリストから引き離される危険にさらされるからです。キリストは、御子でありながら苦しみを通して従順を学び、完全な者となられました（五・八〜九）。そのお方のことを学ぶ者は、初歩的な教えで満足せず、成熟を目指したいという願いを持つことが必要です。

＊　　＊　　＊

カルヴァンは、「鍛錬を怠ると、私たちはもうろうとして判断力を失う」と語っています。牧師を含め教会役員こそ、霊的な大人でなければなりません。神に喜ばれる美しいことと神が嫌われる醜いことの峻別が、本当にいつも求められています。すべての信徒が、神に喜ばれる日常生活を送るためには、この峻別力を身に付けねばなりません。そう思うと、霊的な大人として、習慣化された訓練によって感覚を研ぎ澄まして日々生きているのか、そのことへの反省を説教準備中に迫られました。惰性で聞いてしまい、今までやってきたことの延長線上でしか考えることができず、すべてが分かったような気になってしまっている、ということはないでしょうか。私たちは何年教会に通っていても、道徳的な意味で善悪をわきまえているつもりであっても、言葉を巧みに操り語ることができたとしても、霊的な幼児性を脱却できていないのではないでしょうか。知的にすぐれた人のほうが、もしかしたら霊的な判断力における自らの幼児性に気づかないのかもしれません。

一人前の大人だと胸を張るよりは、まだ幼子です、と嘆くほうがふさわしいのです。現状維持で満足してしまうと、「先に進みましょう」という勧めが耳に入らなくなります。幼さへの気づきは、成熟につながります。キリストのすばらしさを学ぶために、これから始まる固い食べ物の教えに身を乗り出すように耳を傾けましょう。何歳になっても、霊的な成長は続きます。自らの幼稚さを恥じ、もっと成長させてくださいという熱い祈りをもって、生涯、学び続けましょう。

16　重大な警告

〈ヘブル六・四～一二〉

「4 一度光に照らされ、天からの賜物を味わい、聖霊にあずかる者となって、5 神のすばらしいみことばと、来たるべき世の力を味わったうえで、6 堕落してしまうなら、そういう人たちをもう一度悔い改めに立ち返らせることはできません。彼らは、自分で神の子をもう一度十字架にかけて、さらしものにする者たちだからです。7 たびたび降り注ぐ雨を吸い込んで、耕す人たちに有用な作物を生じる土地は、神の祝福にあずかりますが、8 茨やあざみを生えさせる土地は無用で、やがてのろわれ、最後は焼かれてしまうのです。
9 だが、愛する者たち。私たちはこのように言ってはいますが、あなたがたについては、もっと良いこと、救いにつながることを確信しています。10 神は不公平な方ではありませんから、あなたがたの働きや愛を忘れたりなさいません。あなたがたは、これまで聖徒たちに仕え、今も仕えることによって、神の御名のために愛を示しました。11 私たちが切望するのは、あなたがた一人ひとりが同じ熱心さを示して、最後まで私たちの希望について十分な確信を持ち続け、12 その結果、怠け者とならずに、信仰と忍耐によって約束のものを受け継ぐ人たちに倣う者となることです。」

六節には、「堕落してしまうなら……もう一度悔い改めに立ち返らせることはできません」とあります。このみことばは、キリスト教会の歴史の中で様々な解釈を受けてきました。初代教会の時代、ローマ帝国の激しい迫害によって、教会指導者を含め、棄教する者がいました。厳格な人々は、棄教した人が悔い改めて教会に戻って来ても、聖餐式から締め出しました。彼らは、迫害下にあっても罪を犯さなかった者たちだけから成る教会形成を目指しました。その際、彼らが自らの主張の論拠としたのが、六節のみことばです。教会史に名を残した教父たちは、この箇所の正しい理解と聖書全体の教えに照らして、彼らを論駁しました。教父たちが目指したのは、三度否んだペテロが赦されたように、赦しのある教会の形成です。文脈をたどりながら、この箇所の意味を探っていきましょう。

「一度光に照らされ、天からの賜物を味わい、聖霊にあずかる者となって、神のすばらしいみことばと、来たるべき世の力を味わったうえで」（四〜五節）。

四節は、訳出されていませんが、「なぜならば」で始まっています。なぜならば、成熟しないと神の厳しい裁きに遭遇する危険があるからです、と続きます。「光に照らされ」は、キリスト教信仰に入ったということです。この表現は、後の時代に洗礼式で用いられました。

「天からの賜物」、「来たるべき世の力」とあります。空間的な広がりである天と、時間的な広がりである来たるべき世と、その両者の恵みと力を味わいました。聖霊の祝福に他の教会員とともにあずかりました。何よりも、「神のすばらしいみことば」を味わいました。「味わう」という言葉が繰り返し用いられています。彼らは、兄弟姉妹との交わりの中で祝福の豊かさを体験してきた人たちです。

「堕落してしまうなら、そういう人たちをもう一度悔い改めに立ち返らせることはできません」（六節）。

もし、そのような人が堕落したら、と著者は語り出します。「堕落した」は意訳で、直訳は「脇に落ち、道を離れる」です。新約聖書では、ここにだけ登場する言葉です。ですから、「堕落」という言葉で何か分かった気になって、洗礼を受けた後に堕落したら赦されない、というような単純な理解を持ち込んではなりません。

彼らの離れ方のひどさが、ここで強調されています。多くの人が十字架上の主イエスを嘲りました。ペテロは、聖霊の恵みにあずかるペンテコステの説教において、彼らの行為を「無知のためにあのような行いをした」と語り、信仰に招きました（使徒三・一七）。六節で描かれている人々は、無知のためと申し開きすることはできません。すべてを知り味わった後に、主イエスが神の子であることを否定しました。あたかも、もう一度主イエスを十字架にかけ、「神の子なら降りて来い」と嘲るような仕方で、キリスト教信仰から離れる人です。カルヴァンはこのような罪を、「盗み、偽証、殺人、大酒飲み、姦淫、その他の罪過ではなく……その恩恵を全く捨て去るという、福音への全般的な反逆」と語っています。過失や弱さのためではなく、自らの意志によるキリスト教信仰からの完全な離脱です。

神の御子、主イエスを再び十字架にかける者は、再び悔い改めることができない、と原文では「再び」が重ねられています。「できない」ということが、この言葉が置かれている位置からして強調されています。悔い改めは、自分の意志で行うよりもむしろ、聖霊の恵みを受け、神から与えられるものです。福音の恵みを十分に味わった後に、全面的に完全に福音を捨て去る者に、神は悔い改めの恵みを与えることを拒絶する自由を持っておられます。福音からの徹底的な離反には、悔い改めが与えられないほどの裁きが待っています。自責の念もなく、裁きへの恐れや不安もなく、一直線に裁きへと進んでいきます。他方、罪を犯しても、悔い改めて神へと立ち返るなら、神に見捨てられていないという祝福の見える印です。

「たびたび降り注ぐ雨を吸い込んで、耕す人たちに有用な作物を生じる土地は、神の祝福にあずかりますが、茨やあざみを生えさせる土地は無用で、やがてのろわれ、最後は焼かれてしまうのです」（七～八節）。

この比喩は、聖書ではなじみ深いものです。たびたび降る雨を吸い込んだ土地から、神に役立つ農作物ができるはずでしたが、茨やあざみが出てきました。土地は、福音の恵みを豊かに受けた人のことです。「やがてのろわれ、最後は焼かれ」るのは、茨やあざみだけでなく、土地そのものです。彼らには、最後に神の厳しい裁きが待っています。それを避けることはできません。恵みを受けて始まった信仰生活が、悔い改めることもできず、のろわれ焼かれるという悲惨な最後で閉じられることがないようにと、著者は「重大な警告」を語っています。これが本日の説教題です。

「だが、愛する者たち。……あなたがたについては、もっと良いこと、救いにつながることを確信しています。……あなたがたの働きや愛を忘れたりなさいません」（九～一〇節）。

説教箇所に九節後半も含めました。この重大な警告は、九節以降を含めて読まないと、誤解を招きます。九節から口調が変わっています。警告はすべて、三人称で語られていました。九節から「私たちはあなたがたに」という手紙本来の口調に戻っていきます。厳しい警告を語った著者は、「愛する者たち」と呼びかけ、読者を励まそうとしています。この呼びかけが登場するのは、本書でここだけです。「私たちがあなたがたに関して確信していることはもっと良いことなんだ。救いに関わることなんだ。あなたがたはそれを受ける人たちだ。のろいを受ける人たちではない」と著者は語り直します。

また読者の教会は、兄弟姉妹の交わりが豊かでした。困った人を助けるそのわざを以前も今もずっと続けてきました。そのことを著者はよく知っています。神は不公平な方ではないので、あなたがたのあのわざを忘れることは決してありません、と神を信頼するように著者は読者を招いています。

「私たちが切望するのは、あなたがた一人ひとりが同じ熱心さを示して、最後まで私たちの希望について十分な確信を持ち続け」（一一節）。

「同じ熱心さ」とあります。以前行ったし、今も行っている愛のわざを行う熱心さと同じ熱心さでもって、あなたがた一人ひとりが、だれ一人として欠けることなく、希望を最後まで持ち続けてほしい、と著者は切望しています。このような勧めが必要とされる状況を想像してみましょう。読者の教会では、迫害下にあっても兄弟姉妹の交わりは豊かで、助け合う愛のわざが日常的になされていました。しかし、この先どうなるんだろうか、自分たちは大丈夫だろうか、迫害はどれほど厳しくなるんだろうか、そのようなことを考えると、不安になってしまい、教会に希望が根づいていなかったのでは、と思われます。希望の内実については、次回学びます（六・一八～一九）。本書は希望を繰り返し取り上げます。

「怠け者とならずに、信仰と忍耐によって約束のものを受け継ぐ人たちに倣う者となることです」（一二節）。

前回話しましたが、「怠け者」と「聞くことに対して鈍くなっている」者（五・一一）は、同じ言葉です。五章一一節から六章一二節までは、同じ言葉で枠囲みされている一つの段落です。著者が求めているのは、鈍くなった耳を新たに開き、希望の言葉を信仰と忍耐をもって聞き続ける教会となることです。愛のわざの熱心さを減らすのではなく、それと同じ熱心さを、みことばを聞くことに向けます。そして、最後まで希望に生きた信仰の先人に倣うことです。彼らは、信仰と忍耐をもって約束されたものを受け継ぎました。一三節以降で、アブラハムのことが語られます。一一章では、旧約聖書の多くの信仰者が紹介されています。

＊　　＊　　＊

本日は、重大な警告を聞きました。様々なことで、教会から離れる人がいます。私たちはつまずかせてしまったという負い目を抱いています。一緒に礼拝を守れる日々が戻ってくることを祈り求めるばかりです。私たちはその日を、悔い改めをもって、自らの霊的成熟を目指しながら待ちます。受洗した過去にとどまり、現状維持で満足すれば、他者が教会に戻って来る障害を取り除くことはできず、自らもきわめて危険な状況に陥ります。同時に、九節以降の励ましの希望の言葉を豊かに聞きました。最後に私たちを待っているのは、悔い改めることができないほどの裁きではありません。多くの信仰の先人の背中を見つめ、罪深い者が大祭司キリストのとりなしのゆえに約束のものを受け継ぐという希望を、信仰と忍耐をもって最後まで握りしめましょう。

17　錨のような希望

〈ヘブル六・一三〜二〇〉

「13神は、アブラハムに約束する際、ご自分より大いなるものにかけて誓うことができなかったので、ご自分にかけて誓い、14『確かにわたしは、あなたを大いに祝福し、あなたを大いに増やす』と言われました。15このようにして、アブラハムは忍耐の末に約束のものを得たのです。16確かに、人間は自分より大いなるものにかけて誓います。そして、誓いはすべての論争を終わらせる保証となります。17そこで神は、約束の相続者たちに、ご自分の計画が変わらないことをさらにはっきり示そうと思い、誓いをもって保証されました。18それは、前に置かれている希望を捕らえようとして逃れて来た私たちが、約束と誓いという変わらない二つのものによって、力強い励ましを受けるためです。その二つについて、神が偽ることはあり得ません。19私たちが持っているこの希望は、安全で確かな、たましいの錨のようなものであり、また幕の内側にまで入って行くものです。20イエスは、私たちのために先駆けとしてそこに入り、メルキゼデクの例に倣って、とこしえに大祭司となられたのです。」

「信仰と忍耐によって約束のものを受け継ぐ人たち」（六・一二）の模範として、アブラハムが取り上げられています。彼は七十五歳のときに子どもが与えられる約束を受け、二十五年間待って、イサクが生まれました。さらにその後、イサクを献げる試練を受けます。彼は、どんなときも神が祝福してくださるという約束の希望を手放すことはありませんでした。彼の信仰が立派だったことは論を待ちません。しかしこのアブラハム物語によって本書が伝えたいことは、彼の信仰の確かさよりはむしろ、彼の信仰を支えた彼への約束の確かさです。確かな約束でしたので、彼は希望を持ち続けることができました。

17　錨のような希望

「……『わたしは自分にかけて誓う――主のことば――……』」（創世二二・一五〜一八）。

本書に入る前に、創世記のアブラハム物語を確認しておきましょう。彼の信仰の歩みは、神の約束から始まっています（一二・一〜三）。彼は、与えられた約束を信じ、神のことばに従いました（同四節）。神は、イサクを献げてまでご自分に従おうとしたアブラハムに、もう一度約束を語られます（二二・一五〜一八）。二二章で語られていることは、一二章の約束と内容的にはほぼ同じです。一五章でも子孫が天の星のようになると語られていました。二二章において大事なことは、主の使いが「わたしは自分にかけて誓う」（一六節）と、約束が誓いの言葉として語り直された点です。

「神は、アブラハムに約束する際……ご自分にかけて誓い……このようにして、アブラハムは忍耐の末に約束のものを得たのです」（一三〜一五節）。

私たちは、「神にかけて誓う」という言葉を用います。守らなければ神にのろわれてもよいという誓いは、語られた言葉に重みを与えます。神の約束のことばは、それ自体で十分確かだったのですが、神はあえて誓いという形式をとってご自分の約束の確かさを保証されました。人間は神にかけて誓えますが、神以上のお方はおられないので、神は「ご自分にかけて誓」われます。一四節の直訳は、「祝福しつつ祝福し、増やしつつ増やす」です。同じ言葉が繰り返され、それも「確かに」とあります。神の約束の確かさは、このような言葉遣いにも表れています。ですから、アブラハムは、忍耐をもって約束の成就を待つことができました。

アブラハムの信仰は、私たちの信仰の原型です。洗礼あるいは信仰告白をするにあたり、私たちは誓いを立てます。その際に、私たちの誓いに先立って、「わたしはあなたの神になる」という神の誓いがあります。決心のない誓いはありませんが、自分の決心の強さに拠り頼む信仰生活は、崩れる危険性があります。神が誓いの形を取って約束してくださったことは、決して変わることがありません。信仰の忍耐は、神の誓いの確かさに拠り頼むことにより養われます。

「誓いはすべての論争を終わらせる保証となります。そこで神は、約束の相続者たちに、ご自分の計画が変わらないことをさらにはっきり示そうと思い、誓いをもって保証されました」（一六～一七節）。

この節の背後に、旧約聖書の規定があります（出エジプト二二・九～一二）。人から預かった家畜がいなくなった場合、盗まれたことが明確なら、保管の仕方に問題があったのですから、預かった人は弁償します。他方、理由が分からない場合、預かった人が、自分が手にかけたのではないと誓うなら、弁償を免れます。誓いは、疑っている人を黙らせ、反対論にけりをつけるものです。「神は……示そうと思い」とは、示したいという意志を神が持たれたということです。神は、語る言葉の確かさを保証する誓いの形式を用いることで、ご自分の計画の不変性を私たちの心に刻んでくださいました。

一七節には、「約束の相続者たち」とあります。アブラハムだけでなく、彼の子孫も含まれています。私たちもまた、アブラハムの約束を受け継ぐ者です。神の変わらないご計画は、神がアブラハムとその子孫を通してすべての民を祝福してくださるということでした。私たちがキリスト者になったのは、他者に神の祝福を届けるためです。祝福よりも迷惑をかけるほうが多いのではと反省せざるを得ませんが、私たちが他者を祝福する器として用いられるとは、神の誓いを伴う、信じるに足る神のご計画です。

「前に置かれている希望を捕らえようとして逃れて来た私たちが、約束と誓いという変わらない二つのものによって、力強い励ましを受けるためです」（一八節）。

神は、ご自身の約束と誓いに関して嘘をつくことはできません。神が約束と誓いという二つの変わらないものによって語りかけてくださるのは、私たちを力強く励ますためです。神が約束と誓いによって私たちの前に据えてくださったのは、希望です。私たちはこの希望を決して手放しません。あやふやなものを捕らえるのは困難ですが、確かな希望ですから、両手でしっかりと握りしめます。

「逃れて来た」には、様々な解釈があります。どこから逃れて来たかは記されていませんが、「世から」と言葉を補って訳している邦訳聖書があります。罪深い世への言及があるのは一一章（七、三八節）で、前後の文脈で考えると、みことばの約束に対して耳が鈍くなってしまった不信仰から逃げ出す、と取るほうがふさわしいでしょう。みことばにより据えられた希望ですから、みことばをしっかり聞くことにより、その希望は私たちの力づけとなります。また、みことばの確かさは、私たちを不信仰から引き離し、希望へと導く力を持っています。

「この希望は、安全で確かな、たましいの錨のようなものであり、また幕の内側にまで入

って行くものです」（一九節）。

当時の文章に錨の比喩的な用法は多々あり、読者になじみの言い回しだったことでしょう。大風が吹きつけたり、嵐に巻き込まれたり、船が漂流しそうになるとき、錨は船の命綱となります。錨のない船は本当に危ういものです。希望の大事さが、錨の比喩で表されています。信仰の人生を破船の危機から救うものは、希望です。変わることのない約束、神の誓いのことばこそが、頼りになる本当の希望です。希望がなければ、最後まで信仰生活を全うすることはできません。この希望は魂にとって頼りになる安定した錨のようなものです。

このような励ましが必要とされたのは、読者が希望を持てずに、不安におののいていたからでしょう。著者はここから、「幕の内側にまで入って行く」と、希望の内実を語ります。幕の内側に入るとは、神とお会いするために、至聖所の垂れ幕の内側に入るということです。神の祝福は、地上における子孫繁栄や土地の取得だけではありません。神ご自身とお会いできることが、信仰者の究極の希望であり、本当の祝福です。これから明らかにされることですが、著者が指し示す希望とは、地上の至聖所に入ることではなく、天上の至聖所に入ることです。

錨が海底に深く沈むことによって船に安定がもたらされます。他方、本書が語る錨のイメージは通常の比喩を超えています。錨が据えられるのは海の深みではなく、天の高みです。天に据えられた錨が私たちの地上の歩みに安定をもたらします。

「イエスは、私たちのために先駆けとしてそこに入り、メルキゼデクの例に倣って、とこしえに大祭司となられたのです」（二〇節）。

地上の至聖所には大祭司しか入れません。大祭司が他のだれかを至聖所に導き入れることはありません。地上に来られた主イエスは、天上の至聖所に入られました。私たちの先駆けとして入られたとは、私たちが後に続いて入れるということです。旧約の大祭司が神と民との間を取り次いだように、大祭司・主イエスは私たちが天で神とお会いできるように、その道筋を整えてくださいました。主イエスは、メルキゼデクの例に倣うとこしえの大祭司です。錨のような希望とは、実は主イエスご自身のことです。主イエスは、天の至聖所で神と会うことのできる希望をご自分に従う者に与えてくださいます。地上の大祭司職と天上の主イエスによる大祭司職の比較検討は、本書の中心テーマであり、七章以降で丁寧になされます。

＊　＊　＊

神は、信じ続けることに弱さを抱える私たちを顧みて、約束に加えて誓いによっても語りかけてくださいました。初代教会のキリスト者のお墓には、十字架だけでなく錨も刻まれている墓標が残っています。彼らは、迫害の厳しさの中、神の誓いのことばを握りしめ、天で神とお会いできるという希望をもって信仰の人生を全うしたのでしょう。私たちは、地上の歩みが嵐に翻弄されることがあったとしても、天上の希望の錨に結び合わされているのですから、安心して信仰生活を続けます。

18　義と平和の王

〈ヘブル七・一～一〇〉

「1このメルキゼデクはサレムの王で、いと高き神の祭司でしたが、アブラハムが王たちを打ち破って帰るのを出迎えて祝福しました。2アブラハムは彼に、すべての物の十分の一を分け与えました。彼の名は訳すと、まず『義の王』、次に『サレムの王』、すなわち『平和の王』です。3父もなく、母もなく、系図もなく、生涯の初めもなく、いのちの終わりもなく、神の子に似た者とされて、いつまでも祭司としてとどまっているのです。
4さて、その人がどんなに偉大であったかを考えてみなさい。族長であるアブラハムでさえ、彼に一番良い戦利品の十分の一を与えました。5レビの子らの中で祭司職を受ける者たちは、同じアブラハムの子孫であるのに、民から、すなわち自分の兄弟たちから、十分の一を徴収するように、律法で命じられています。6ところが、レビの子らの系図につながっていない者が、アブラハムから十分の一を受け取り、約束を受けたアブラハムを祝福しました。7言うまでもなく、より劣った者が、よりすぐれた者から祝福を受けるものです。8十分の一を受けているのは、一方では、死ぬべき人たちですが、他方では、生きているを証しされている人です。9 言うならば、十分の一を受け取るレビでさえ、アブラハムを通して十分の一を納めたのでした。10 というのは、メルキゼデクがアブラハムを出迎えたとき、レビはまだ父の腰の中にいたからです。」

主イエスは、「預言者、祭司、王」の働きを担っておられます(『ウェストミンスター小教理問答』問二三)。『ウェストミンスター小教理問答』において、祭司職(問二五)の引照聖句は、本書からだけです。主イエスの祭司職の理解には、本書は欠かせません。著者は、解き明かす際、旧約聖書から行うことを自らに課しました。それは、祭司職は旧約聖書で規定されていたものであり、また旧約聖書を神のことばとして受けとめている読者に納得してもらうためです。

「『あなたは　わたしの右の座に着いていなさい。……』

主は誓われた。……

『あなたは　メルキゼデクの例に倣い

とこしえに祭司である』」(詩篇一一〇・一、四)。

神の右に着座されるお方(同一節)が、メルキゼデクのようなとこしえの祭司です(同四節)。本書において、詩篇一一〇篇は三度引用されています(五・六、七・一七、二一)。五章は同詩篇をキリストに当てはめ、六章はキリストが至聖所の垂れ幕の内側へと入って行くことによって、メルキゼデクの例に倣うとこしえの大祭司となられた、と表しています（一九～二〇節）。このように繰り返されると、メルキゼデクとはだれなのか、メルキゼデクのような祭司とはいかなる祭司なのか、という問いが当然生じます。著者は、本日の箇所でそのことに答えようとしています。

旧約聖書でメルキゼデクが登場するのは、創世記一四章と詩篇一一〇篇だけです。
「サレムの王メルキゼデクは……いと高き神の祭司であった。彼はアブラムを祝福して言った。……アブラムはすべての物の十分の一を彼に与えた」（創世一四・一八～二〇）。
メルキゼデクは、架空の神話的な人物ではありません。ソドムの王（同一七節）と並んで記される「サレムの王」です。また神とアブラムの間に立って、神の祝福を取り次ぐ「いと高き神の祭司」です。旧約聖書は、王が祭司職を兼ねることを厳しく戒めています。王であり、かつ祭司であるとは、旧約聖書の中で彼だけです。またアブラムは、戦利品の中から十分の一を彼に贈りました。十分の一は本来、祭司が受け取るべきものです。この贈り物は、メルキゼデクがアブラムの祭司であったことを示しています。

「……彼の名は訳すと、まず『義の王』、次に『サレムの王』、すなわち『平和の王』です。

父もなく、母もなく、系図もなく、生涯の初めもなく、いのちの終わりもなく、神の子に似た者とされて、いつまでも祭司としてとどまっているのです」（一～三節）。

七章一～二節は、創世記一四章の引用です。著者は、主イエス・キリストを旧約時代にあらかじめ指し示していた一つの類型として、メルキゼデクを取り上げます。主イエスとメルキゼデクがどのように似ているかに、スポットが当てられています。「メルキ」は王で、「ゼデク」は義で、「義の王」という意味です。創世記での「サレム」は地名ですが、「サレム」という言葉の意味は平和で、「平和の王」となります。義をもって治め、平和をもたらす王であるメルキゼデクは、義と平和の王である主イエスを表しています。

創世記には、メルキゼデクの人物的背景が何一つ描かれていません。父と母がだれか分からず、系図もありません。何年に生まれ、何年に死んだかも不明です。本書執筆時に、書かれていないことからの論証というラビの解釈手法が広まっていました。本書はその手法を用いて、書かれていないことからして、「生涯の初めもなく、いのちの終わりもなく」と論を進めます。今日の私たちからすれば乱暴な議論ですが、本書の読者は受け入れていたことでしょう。ここでの中心点は、「神の子に似た者とされて」です。「神の子」とは、神の御子・主イエスです。メルキゼデクは主イエスに似ているということです。「いつまでも祭司としてとどま」るとあります。メルキゼデクは実在した人物ですが、旧新約の垣根を越えた永遠の祭司職を持っています。とこしえの祭司メルキゼデクは、とこしえの大祭司である主イエスを表しています。

説教準備をさせていただくまで、旧約聖書に二回しか登場しないということもあり、メルキゼデクという人物をあまり心に留めていませんでした。創世記でも一四章で数節触れているだけです。そうではありますが、今回どれほど重大な任務が彼に託されていたのかに気づきました。本書の著者は、メルキゼデクが登場する創世記一四章と、彼に再び光を当てた詩篇一一〇篇を取り上げて、王であり祭司であるメルキゼデクは主イエスの働きを先取りした者である、とはっきり語りました。

「さて、その人がどんなに偉大であったかを考えてみなさい。……レビの子らの中で祭司職を受ける者たちは……律法で命じられています。……言うまでもなく、より劣った者が、よりすぐれた者から祝福を受けるものです。十分の一を受けているのは、一方では、死ぬべき人たちですが、他方では、生きていると証しされている人です。……」（四〜一〇節）。

父祖アブラハムが子孫のレビより偉いことは、論を待ちません。レビ族は他のイスラエル部族から十分の一を受け取る祭司となったので、レビ族は他の部族より偉いのです。メルキゼデクはアブラハムから十分の一を受け取ったので、アブラハムより偉いのです。「死ぬべき人たち」はレビ族のことです。死ぬから祭司職には交代が必要です（七・二三）。他方、「生きていると証しされている人」は、詩篇一一〇篇四節で誓いによって「とこしえに祭司である」として立てられたメルキゼデクです。信仰の父祖アブラハムが高く評価されるなかにあって、メルキゼデクはアブラハムより偉大で、アブラハム以上に神に近い器です。ここで著者は、アブラハムより偉いメルキゼデクはレビよりも偉く、メルキゼデクを原型として持つ大祭司・主イエスは、レビ族の祭司よりも偉いということを論証しようとしています。

このような議論は煩瑣《はんさ》と思われ、旧約聖書の言葉をなぞっているだけに聞こえるかもしれません。しかし、そうではありません。長い歴史において、レビ系、アロン系の祭司が、民の信仰生活を司ってきました。彼らの祭司職は、当時の社会システムに組み込まれており、変更できない盤石な制度とみなされていました。そういう中に主イエスは登場されました。本書によれば、主イエスの十字架と復活により祭司職の内実に変更が生じました。祭司職の変更は、神に近づく祭儀の変更だけでなく、当時の社会制度の変更をも迫るものです。福音書において、主イエスが厳しく断罪したのは、大祭司を頂点に持つ当時の神殿のあり方でした。主イエスを十字架にかけた張本人は大祭司でした。自らの存在価値が脅かされていることを感じていたからでしょう。

祭司職の変更という画期的な発言をするには、その根拠を示さねばなりません。レビ族の祭司職の正当性が旧約聖書によって規定されていましたので、主イエスの祭司職がレビ族の祭司職より上回ると語る際にも、著者は旧約聖書を用いて議論を構築します。何よりも神ご自身が、メルキゼデクという人物を実際に立て、創世記一四章と詩篇一一〇篇を通して旧約の民に紹介してくださっていました。ですから本書の著者は、主イエスはメルキゼデクのような大祭司であると語ることができました。もしメルキゼデクの記述が聖書になかったとしたら、もし本書がこのように語っていなかったならば、レビ族出身でない主イエスの祭司職を聖書的に立証することは難しかったでしょう。レビ系の祭司職は、メルキゼデクを原型として持つ主イエスの祭司職によって取って代わられたことが、本書により明確になりました。

＊　　＊　　＊

私たちが、願望や宗教的憧れとして大祭司・主イエスを心に思い描いても、それは何一つ信仰的な力づけにならず、社会を変革することはできません。そうだったらいいね、で片づけられるだけです。信仰を支えるには、みことばによる説得力が必要です。七章からが、五章で示されていた固い食物の部分です。多くの旧約聖書が引用され、理解し難いかもしれませんが、大祭司・主イエスを聖書的に正しく把握しないと信仰生活は決して安定しないという強い思いが、著者を突き動かしています。

受洗後も罪を犯し続ける私たちです。主イエスは、私たちの罪を今もとりなしてくださる大祭司です。この信仰が、私たちの信仰生活を根底から支えています。教会は、この教えに錨を結びつけ、嵐に耐えます。みことばによる確信を握りしめ、王であり永遠の大祭司である主イエスに拠り頼みましょう。メルキゼデクがアブラハムを祝福したように、主イエスが私たちを祝福してくださいます。

19 神に近づく聖書的論拠

〈ヘブル七・一一～一九〉

「11民はレビ族の祭司職に基づいて律法を与えられました。もしその祭司職によって完
全さに到達できたのなら、それ以上何の必要があって、アロンに倣ってではなく、メルキゼ
デクに倣ってと言われる、別の祭司が立てられたのでしょうか。12祭司職が変われば、必
ず律法も変わらなければなりません。13私たちがこれまで語ってきた方は、祭壇に仕える
者が出たことのない、別の部族に属しておられます。14私たちの主がユダ族から出られた
ことは明らかですが、この部族について、モーセは祭司に関することを何も述べていない
のです。15もしメルキゼデクと同じような、別の祭司が立つなら、以上のことはますます明
らかになります。16その祭司は、肉についての戒めである律法にはよらず、朽ちることの
ない、いのちの力によって祭司となったのです。17この方について、こう証しされています。
『あなたは、メルキゼデクの例に倣い、
とこしえに祭司である。』
18一方で、前の戒めは、弱く無益なために廃止され、19――律法は何も全うしなかったの

です――もう一方では、もっとすぐれた希望が導き入れられました。これによって私たちは神に近づくのです。」

福音書に主イエスの系図が記されています。アブラハム、ダビデの子孫に救い主が生まれるという契約の成就は、まさにその血筋にかかっています。血筋の重要性が確立されている社会において、ユダ族出身の主イエスは祭司であると語る際、レビの血筋により維持されている祭司制度との関わりはいかに、という問いが提起されます。何よりも、祭司の働きは律法で定められています。祭儀規定だけでなく、律法の全体が祭司の存在を前提としています。祭司に関わる事柄は、祭司制度を支えてきた律法を無視して論ずることはできません。著者は、七章から一〇章一八節までにおいて、レビ族の祭司職と主イエスの祭司職を比較検討し、様々な問いに対して思慮深く答え、主イエスは新しい大祭司であるという本書の主張の定着を図ります。

「もしその祭司職によって完全さに到達できたのなら、それ以上何の必要があって、……別の祭司が立てられたのでしょうか」（一一節）。

一一節の「レビ族」（別訳ではレビ系、レビ系統）は、レビの血筋という意味です。レビ系統の祭司とアロン系統の祭司は同じです。「別の祭司」とは、レビ系統の祭司制度確立後に詩篇一一〇篇において立てられたメルキゼデクに倣う祭司のことです（一七節）。

「完全さに到達でき」るとは、人を完全に神に近づけることができるという意味です。人がレビ系統の祭司制度によって完全に神に近づくことができるのであれば、後の時代に、別の祭司が任命される必要はなかった、と著者は論じます。後から立てられたメルキゼデクに倣う祭司任命は、レビ系統の祭司制度が神に近づくという点において機能不全に陥っていたことを表しています。著者は、レビ系統の祭司制度がしっかりと定着している社会において、それが不完全であったと断定します。

「祭司職が変われば、必ず律法も変わらなければなりません。……私たちの主がユダ族から出られたことは明らかですが、この部族について、モーセは祭司に関することを何も述べていないのです」（一二～一四節）。

「私たちの主」とは、地上に来られ、十字架の贖いを成し遂げた主イエスのことです。主イエスは、レビ族ではなく、ユダ族の血筋を引くダビデの家系に生まれました。モーセが定めた律法は、レビ族の祭司しか認めていませんので、ユダ族から祭司が立てられたことはありませんでした。これまでの律法に依拠するなら、ユダ族出身の主イエスの祭司職を認めることはできません。ユダ族の主イエスの祭司職を認めるなら、従来の律法を変更しなければなりません。

「もしメルキゼデクと同じような、別の祭司が立つなら、以上のことはますます明らかになります。その祭司は、肉についての戒めである律法にはよらず、朽ちることのない、いのちの力によって祭司となったのです」（一五〜一六節）。

主イエスは、レビ系統の祭司とは全く違う別の祭司で、メルキゼデクと同じような祭司です。一五節は、血筋を表す用語を避け、意図的に「同じような」という用語を使っています。もしメルキゼデク系統の祭司と語ったとすれば、メルキゼデクと同じ血筋の祭司となります。著者は、血による系図で主イエスの祭司職を論じてはならないことを明らかにしようとしています。メルキゼデクと同じような祭司には、人間的な系図はありません（七・三）。これは大事な論点です。メルキゼデクと主イエスの祭司職の類似性は、地上的な血の結びつきによるのでなく、「肉についての戒めである律法にはよらず」、神により立てられるという点にあります。大祭司・主イエスは、「朽ちることのない、いのちの力」である神ご自身によって、直接立てられました。「朽ちることのない、いのち」という表現には、復活のいのちというニュアンスも含まれています。

「あなたは……とこしえに祭司である」（一七節）。

これは詩篇一一〇篇四節の引用です。五章六節、七章二一節にも引用されています。興味深いことは、「とこしえ（永遠）」という言葉は本書では御子・主イエスに関して用いられ、主イエスの祭司職を表す文脈で多用されています（六・二〇、七・二四、二八）。メルキゼデクが詩篇で「とこしえの祭司」と呼ばれているように、主イエスも同じく「とこしえの祭司」です。レビの血筋を重んじる肉についての律法は、とこしえの祭司を定めることはできません。

「一方で、**前の戒めは、弱く無益なために廃止され……もう一方では、もっとすぐれた希望が導き入れられました。これによって私たちは神に近づくのです**」（一八〜一九節）。

神に近づくとは、人間にとって最高の栄誉であり、幸せです。旧約聖書は、罪の贖いの儀式を執り行う祭司の仲介を定めました。旧約の民は、律法と祭司制度を通してこのことを徹底的に学んできました。主イエスの到来まで、レビの血筋を継ぐ祭司の仲介によってしか、神に近づくことはできませんでした。罪深い人間が神に近づくには罪の贖いが必要で、かつ、自分一人で天地を創造された聖なる「神に近づく」のではなく、祭司を介してでした。

一一節から一九節は、名詞と動詞の違いこそあれ、原語では「完全」という言葉で枠囲みされています。「何も全うしなかった」（一九節）律法と比べると、「イエスは……完全に救う」（二五節）ことができるお方です。血筋による祭司制度とそれを定めた律法は、罪人を神に近づけるための備えをしたのは確かですが、神のみもとにしっかり導くという点では完全ではありませんでした。どういう理由で、どのような仕方で不十分だったのかは、これから丁寧に学ぶことになります。

完全さを成し遂げてくださったのが主イエスです。主イエスこそ、不完全な祭司制度を根底から作り変える、レビ系統とは全く別の真の大祭司です。主イエスの完全なみわざがなされた以上、これまでの祭司制度を支えてきた「前の戒め」つまり律法は、その役割を終えました。ここでの議論は、「祭司職が変われば、必ず律法も変わらなければなりません」（一二節）で始まりました。結論は、一部改定や変更ではすまされず、「前の戒めは、弱く無益なために廃止され」（一八節）ました、です。「廃止」とは、インパクトのある大胆な言明です。

なぜこのような議論をする必要があったのでしょうか。旧約の律法を守らなくてもよいのかといぶかしがる人や、律法の様々な規定に縛られ、きらびやかな動物犠牲の儀式を懐かしむ人たちがいたからではないかと思われます。そのような人たちには、祭司職を支える律法はもはや破棄された、とはっきり語らねばならなかったのでしょう。神の御子・主イエスが完全に神へと導く大祭司として新しく世に来られたのだから、不完全にしか神に近づくことができない、レビ系統の古い祭儀システムに逆戻りするな、と著者は強く警告しています。

主イエスを祭司として持つ私たちは、レビ系統の祭司を持つこれまでの時代とは違って、完全な仕方で神に近づくことができます。「もっとすぐれた希望」とは、もっとすぐれた仕方で神に近づける希望です。すぐ後で「イエスは、もっとすぐれた契約の保証となられた」（二二節）とあります。六章に「希望は……入って行くものです。イエスは、私たちのために先駆けとしてそこに入り」（一九～二〇節）とありました。「希望」と「イエス」という言葉が相互補完的に用いられています。荒野の民は、約束の地に入るという希望を手放しました。私たちは、主イエスという希望を固く握りしめます。

主日礼拝において、毎週神の御前に近づいています。次の週、さらに神に近づきます。その次の一週間、さらにもっと神に近づきます。それの継続が信仰生活です。様々なことが起こり、後退するかに見えるときもあるかもしれません。しかし主イエスによって、完全に神に近づけるという希望を決して手放してはなりません。主イエスに従うとは、日々神に近づけるという希望を抱き続けることです。私たちは主イエスにあって、終末の完成を目指して、また死に直面することを通し、もっともっと神に近づいて行きます。

＊　＊　＊

私たちは、祭司制度の変更を体験しておらず、主イエスの祭司職を教理的に理解していま す。ある意味で当たり前のように受け入れていますが、初代教会にこの理解が定着するには、本書のような議論が必要でした。時代を問わず、聖書を掘り下げて考えることは、私たちの信仰生活の基盤を固めるうえで大切です。主イエスは私たちを完全に神に近づけてくださる大祭司ですから、私たちは律法を守れず、良い行いができず、悲しくなることがあっても、失望しません。私たちは、聖書的論拠を握りしめて、大祭司・主イエスに拠り頼み、神に近づく希望の道を歩んでいます。

20　永遠の誓いの確かさ

〈ヘブル七・二〇〜二五〉

「20 また、神による誓いなしではありません。レビの子らの場合は、神による誓いなしに祭司となっていますが、21 この方は、ご自分に対して言われた神の誓いによって祭司となられました。

『主は誓われた。思い直されることはない。

「あなたはとこしえに祭司である。」』

22 その分、イエスは、もっとすぐれた契約の保証となられたのです。23 また、レビの子らの場合は、死ということがあるために、務めにいつまでもとどまることができず、大勢の者が祭司となっていますが、24 イエスは永遠に存在されるので、変わることがない祭司職を持っておられます。25 したがってイエスは、いつも生きていて、彼らのためにとりなしをしておられるので、ご自分によって神に近づく人々を完全に救うことがおできになります。」

外国語習得の際、翻訳ができれば、ある程度の意味はつかめます。しかし、その言葉が実際にどのような場面で使われているのかという社会的背景が分からなければ、本当の意味では分かったことになりません。また、外国語の概念が日本語にない場合があります。たとえば人権や自由は、翻訳の過程で、新造語として明治初期に導入されました。今は日本語として定着していますが、その微妙な特有のニュアンスの習得はまだ途上にあるのではとも思われます。

本日の箇所は、内容的には前回とかぶる面がありますが、レビ系統の祭司職と主イエスの祭司職を、誓い、永遠、死という観点から、両者を対比して説明しています。永遠の誓いの聖書的用法に思いを向けましょう。

「レビの子らの場合は、神による誓いなしに祭司となっていますが、この方は、ご自分に対して言われた神の誓いによって祭司となられました。『主は誓われた。思い直されることはない。「あなたはとこしえに祭司である」』（二〇〜二一節）。

詩篇一一〇篇四節は、七章一七節で引用されたばかりですが、強調点を若干変えて再度引用されています。今回の引用の意図は、「主は誓われた」にあります。誓いとは、変わらない、変えてはならない言葉です。神のことばは誓いを伴わなくても、確かです。その神がわざわざ誓いをもって語られるとすれば、そのことばはどれほど確かなのでしょうか。さらに誓う行為が、「思い直されることはない」と説明されています。

レビ系統の祭司は、神の誓いを伴わないモーセ律法だけで祭司になりました。主イエスは、神の誓いによって祭司になられました。著者は、律法の規定よりも、神の誓いをより確かなものとみなし、レビ系統の祭司にまさる祭司・主イエスの卓越性を主張しています。

詩篇一一〇篇四節では、原語のヘブル語とギリシア語訳において「あなたは」は強調形です。「あなたこそは」と訳している邦訳聖書もあります。他のだれでもない、他との比較を許さないあなたこそが、とこしえの祭司である、という誓いの言葉です。また、「とこしえ」という言葉は、原語では二四節の「永遠」と同じ言葉で、意味内容は二五節の「いつも生きていて」とも同じです。旧約聖書に親しんでいる者にとって、「とこしえ」という言葉で修飾されるのは人間を超えた神的なお方であることは、自明です。本書では、その言葉が祭司・主イエスに用いられています。思い直されることのない神の確かな誓いが、主イエスのとこしえに変わることのない確かな祭司職を支えています。

「その分、イエスは、もっとすぐれた契約の保証となられたのです」（二二節）。

約束より強い言葉である誓いは、契約という概念へと展開されます。一九節の神に近づく「もっとすぐれた希望」が、「もっとすぐれた契約」と言い換えられています。神に近づく希望は、主イエスによって、これまでとは比べようもないほど確かなものになっており、その確かさが「契約」という言葉で表されます。ここで初めて用いられた「契約」は、これから十七回も登場し、本書は「契約の手紙」と呼ばれることがあります。

二二節の力点は、「イエス」という言葉にあります。説教において文脈上の指示がない場合、通常、主イエスという言い方をします。実は、本書が「イエス」という固有名詞を使うのは意図的です。また原語の語順では、イエスの位置は強調を表します。イエスは、歴史的な歩みを表す名称です。神の御子でありながら、受肉してこの世に来られ、十字架で死に、よみがえられた、かのイエスです。キリスト者が信じ慕っているイエスが、神との契約の確かな保証人です。

神は、仲介者イエスによって、イエスという保証があるから、永遠の契約を立ててくださいました。「保証となられた」とは過去だけでなく、保証人として今も働いていてくださるという現在を表しています。主イエスは、神と私たちとの間を取り持つ保証人であり、祭司です。私たちは、大祭司・主イエスによって、神に近づくという希望に固く立って生きることを許されています。

「レビの子らの場合は、死ということがあるために……イエスは永遠に存在されるので、変わることがない祭司職を持っておられます」（二三〜二四節）。

レビ系統の祭司は、職務継続が死により妨げられ、「務めにいつまでもとどまることができず、大勢の者が祭司となっています」。祭司・主イエスは、とこしえにとどまり続けることができるお方なので、何ものによっても打ち破られることなく、変わることのない祭司職を持っておられます。主イエスは、永遠に存在しておられるとこしえの祭司です。主イエスに代わるだれかが新たに立てられるということはなく、また、主イエスの祭司の働きの内容がこれから変更されることもありません。主イエスは、神の御子の内実においても、地上の歩みにおける誠実さにおいても、誓いによって立てられる契約の確かさにおいても、揺らぐことなく変わることのないとこしえの祭司です。

「したがってイエスは、いつも生きていて、彼らのためにとりなしをしておられるので、ご自分によって神に近づく人々を完全に救うことがおできになります」（二五節）。

「したがって」で始まる二五節は、これまで語ってきたことの結論です。とこしえの祭司・主イエスは、人を完全に救うことのできる救い主です。救われる人とは、主イエス「によって神に近づく人々」です。具体的には、ヘブル人の教会に属する本書の読者です。また、主イエスによって神に近づきたいと願い、本日この礼拝堂に集まっている私たちのことです。自分みたいな者が本当に神に近づくことができるのだろうか、近づいてもよいのだろうかと不安を抱かれることがあるかもしれません。しかし、本日のみことばにより確信を持ってください。主イエスは、ご自分によって神に近づこうとしている人たちを完全に救うことができる救い主である、と。私たちは、罪を悔いてはまた犯す者ですが、主イエスが完全な救い主だから、信仰にとどまることができます。

主イエスは「いつも生きていて」、私たちと神との間を取り持ち、仲裁し、「とりなしをしておられ」ます。「とりなし」という言葉を調べてみると、このように訳せる新約聖書における使用は、ここを含め三回だけです。あと二回は、ローマ人への手紙八章です。聖霊が言葉にならない呻《うめ》きをもって（二六節）、また復活のキリスト・イエスが神の右の座で（三四節）とりなしてくださいます。旧約聖書を見ても、この言葉の使用頻度はわずかです。邦訳聖書でとりなすと訳されていても、祈るという言葉の意訳の場合があります（申命九・二〇）。概念的には祭司の働きはとりなしですが、用語としてはレビ系統の祭司の働きに関して用いられていません。その中にあって、主イエスを指し示す苦難のしもべの記述には、「背いた者たちのために、とりなしをする」（イザヤ五三・一二）とあります。主イエスは、いつも罪人の側に身を置き、神と向き合い、罪の赦しのために労してくださっています。神は、十字架の死を伴う主イエスのとりなしのみわざを必ず受け入れてくださいます。

二五節には、「いつも」と「完全」という言葉があります。原語では、「パントテ」、「パンテレス」で韻を踏んでいます。「パン」は「すべて」です。時間のすべて、完全さのすべてが表されています。私たちは、永遠を時間的な概念だけで受けとめようとするのですが、聖書の永遠は、時間と質の両者を持っています。永遠とは、単なる時間の無限継続ではありません。どのような敵が来ても、どのような障害が起こっても、崩れたりすることのない内実の完全さがある場合のみ、常に変わらない永遠さがあります。

＊　＊　＊

来月、当教会で結婚式があります。結婚式の中心は、夫婦となる誓約です。永遠の輝きと言われるダイヤモンドの指輪を交換したとしても、そこで誓われる言葉は、「死が二人を分かつまで愛を全うする」です。今回気づいたのですが、永遠の愛を誓うとすれば、聖書的用法に照らすなら、人間の分をわきまえない不遜な言葉遣いです。永遠の愛の誓いを語ることができるのは、永遠の本質を持つ神おひとりです。

その神が誓いのことばをもって御子を永遠の祭司に立て、私たちを契約の民に加えてくださいました。私たちは、生きている限りあなたに従うという信仰の誓いをもって、永遠の神の愛に応答します。私たちは、永遠の祭司・主イエスによって永遠に神に結ばれています。「永遠の誓いの確かさ」を聖書から学ぶと、神がその誓いを私たちのために立ててくださったありがたさが身に沁みます。永遠の大祭司・主イエスに結ばれ、いつか死ぬ身の者が、誓いを伴う永遠の神の契約の確かさに生かされているとは、なんという幸いでしょうか。

21　完全な献身

〈ヘブル七・二六〜二八〉

「26 このような方、敬虔で、悪も汚れもなく、罪人から離され、また天よりも高く上げられた大祭司こそ、私たちにとってまさに必要な方です。27 イエスは、ほかの大祭司たちのように、まず自分の罪のために、次に民の罪のために、毎日いけにえを献げる必要はありません。イエスは自分自身を献げ、ただ一度でそのことを成し遂げられたからです。28 律法は、弱さを持つ人間たちを大祭司に立てますが、律法の後から来た誓いのみことばは、永遠に完全な者とされた御子を立てるのです。」

「永遠に完全な者」（二八節）、「人々を完全に救う」（二五節）、「何も全うしなかった」（一九節）つまり完全にしなかった、とあります。七章には「完全」という言葉が多用されています。本書執筆当時、この言葉は社会の中に流布していました。霊的な、あるいは道徳的な仕方で、自分はどのようにしたら完全な者になれるだろうかという問いをめぐるものでした。他方、著者はそのような個人的な完全さの問いとは向き合っていません。著者が考えているのは、大祭司・主イエスの完全さです。前回の「永遠」に引き続き、今回は「完全」について思いを向けます。

「このような方、敬虔で、悪も汚れもなく、罪人から離され、また天よりも高く上げられた大祭司こそ、私たちにとってまさに必要な方です」（二六節）。

「このような方」は、二二節で強調されていた主イエスです。「敬虔で、悪も汚れもなく」は当時の賛美歌の歌詞ではないか、と推察されています。そうでなかったとしても、「主イエスはどのような方ですか」という問いに対して、即、「敬虔で、悪も汚れもない方です」と答えることができます。「敬虔」は、実は使用頻度の少ない特別な言葉で、個人的な敬虔さより、神との契約関係にしっかりとどまっている状態を表します。「悪も汚れもなく」は一般的な言葉です。暗記しやすい三つの言葉で表されているのは、主イエスの地上の歩みです。いつも神との交わりのうちにあり、罪がなかった、ということです。

主イエスは、罪人と呼ばれている人たちと食事をし、いつも彼らと一緒でした。ですので「罪人から離され」には、説明が必要です。参考になるのは、「罪人たちの、ご自分に対するこのような反抗を耐え忍ばれた方」（一二・三）の記述です。本書の「罪人」とは、意図的に神と主イエスに刃向かう者です。また「罪人から離され」は、「天よりも高く上げられた」と並行関係にあります。罪人の反抗を耐え忍ぶ地上から場所的に離され、天に上げられた、という意味です。それも「天よりも高く」とあります。場所的、空間的な限定を越えて、神の右の座に着かれた、という意味です。

地上の歩みを罪なくして全うし、天に上げられ、私たちのためにとりなしてくださるお方が、私たちの大祭司・主イエスです。「私たちにとってまさに必要な方です」とありますが、英訳の多くは、「私たちにまさにふさわしいお方です」と訳しています。そのように訳している邦訳聖書もあります。実は、この言葉が用いられるのは、ここと主イエスを「完全な者とされたのは……神に、ふさわしいことであった」(二・一〇)の二か所だけです。神にとってふさわしい仕方で完全な者とされた大祭司は、私たちにとっても最もふさわしい大祭司です。

お腹の調子が悪いときにふさわしい食べ物と、健康でも疲れたときにふさわしい食べ物とは違います。私たちは、自分に何がふさわしいのかさえ分からず、周りの流行に合わせているだけかもしれません。他方、大祭司・主イエスは、私たちにふさわしい本当に必要なものだけを与えてくださいます。何よりも、敬虔で悪も汚れもなく天におられるお方が、私たちにふさわしい大祭司であるとは、なんと光栄な言葉でしょうか。同時に、このようなお方でないと贖うことができない、私たちの罪深さを思わされます。

「イエスは、ほかの大祭司たちのように、まず自分の罪のために、次に民の罪のために、

毎日いけにえを献げる必要はありません。イエスは自分自身を献げ、ただ一度でそのことを成し遂げられたからです」（二七節）。

これまで立てられてきた「ほかの大祭司たち」は、自分の罪のためと民の罪のためと二種類のささげ物が必要でした。主イエスは罪のないお方ですので、ご自分のためのささげ物は必要ありません。主イエスのささげ物は、民の罪のためだけです。大祭司・主イエスの人生はすべて、民の罪をとりなすためだけに用いられました。旧約聖書の贖罪日の規定では、「罪を除く宥め」を行うのは年に一度とあります（レビ一六・三四）。本書では、ほかの大祭司は「毎日いけにえを献げる」となっており、何度も繰り返し献げられることが強調されています。それとの対比で、主イエスのささげ物は、「ただ一度」限りです。

ほかの大祭司は動物犠牲を献げましたが、主イエスは十字架において自分自身を献げてくださいました。動物犠牲なら繰り返し献げることができますが、自分自身を献げるのは一度限りです。また、ささげ物が繰り返されたのは不完全なささげ物だったからで、「ただ一度」で十分なのは完全なささげ物だったからです。「ただ一度」は、本書で主イエスのささげ物を語るキーワードの一つで（九・一二、一〇・一〇）、ささげ物の違いは改めて取り上げられます。

「律法は、弱さを持つ人間たちを大祭司に立てますが、律法の後から来た誓いのみことば

は、永遠に完全な者とされた御子を立てるのです」（二八節）。

前回、モーセ律法で立てられる大祭司と詩篇一一〇篇において神の誓いによって立てられる大祭司・主イエスとの対比を学びました。「律法の後から来た誓いのみことば」は、時間的順序を扱っています。律法によって立てられる大祭司は、後に詩篇の誓いによって立てられる大祭司の備えをしていたにすぎません。これまで、天使と御子、モーセと御子の対比を行ってきました。その際に御子の優位性が確立されています。そして今回、「弱さを持つ人間」の大祭司と、「永遠に完全な者とされた御子」である大祭司とを対比するとどうなるか、と論を進めます。どちらに拠り頼むべきかは明らかです。

「死ということがあるために、務めにいつまでもとどまることができず」（七・二三）が、人間の持つ根源的な弱さです。また、「その弱さのゆえに、民のためだけでなく、自分のためにも、罪のゆえにささげ物を献げなければなりません」（五・三）とあるとおりです。死によって働きが中断され、罪によって全き献身ができない以上、罪を犯されなかった永遠の御子と対比するなら、「弱さを持つ人間」と表されることになります。

「神の子イエスという偉大な大祭司」（四・一四）は、「私たちの弱さに同情できない方ではありません。罪は犯しませんでしたが、すべての点において、私たちと同じように試みにあわれたのです」（四・一五）。主イエスは、ほかの大祭司ではなし得ないほどの仕方で、弱さを持つ者とともに苦しみ、同情してくださいます。かつ、人間が受けるあらゆる試みを体験されるなかにあっても、罪に勝利され、罪を犯すことはありませんでした。このお方が、永遠の誓いのことばによって立てられた大祭司イエスです。

「完全な者とされた御子」とあります。この「された」とは受身です。不完全だったのに、完全な者とされたという意味ではありません。また御子は、「神の本質の完全な現れ」（一・三）ですので、その本質において神です。他方、天上で完全な者であった御子が、そのまま完全な大祭司になったというのでもありません。御子が大祭司として立てられるにあたり、御子の地上での歩みの内実がきわめて重要でした。「された」とは、過去のある時点に完全にされ、その状態が今も続いているという歴史性を持った言及です。御子の地上の歩みは、罪人への愛と神への従順に貫かれていた完全な献身でした。ですから、神が、御子を天に引き上げ、神の右の座に着かせ、「永遠に完全な者とされ」、大祭司として立ててくださいました。

完全にするとは、文脈によって、完成、終わり、目的に導く、とも訳されます。主イエスが完全な者とされたとは、新約の終わりの時代になり、神の救いの目的が主イエスにおいて達成された、ということです。また神が「救いの創始者」である御子・主イエスを「苦しみを通して完全な者とされたのは」（二・一〇）、神のご計画でした。そのご計画が、主イエスの地上の苦しみの歩みを通して完成されました。苦しみを通して与えられる完全さを持っておられるのは、御子・主イエスおひとりです。

＊　　＊　　＊

「成熟を目指して」（六・一）の「成熟」という語幹にも、「完全」という単語が含まれています。信仰的に成熟するとは、完全にされた御子が私たちの大祭司として立てられていることの恵みが分かることです。自分のことで喜んだり悲しんだりして、自分の完成を追い求めるのは、信仰的には未熟な状態です。御子イエスは、完全な献身とも言える地上の歩みを全うして、最後にご自分を献げてくださいました。神がこの御子を永遠に完全な大祭司として立ててくださったのは、神にふさわしいことでした。御子と父なる神に感謝をささげます。

22　影からまことへ

〈ヘブル八・一〜六〉

「1 以上述べてきたことの要点は、私たちにはこのような大祭司がおられるということです。この方は天におられる大いなる方の御座の右に座し、2 人間によってではなく、主によって設けられた、まことの幕屋、聖所で仕えておられます。3 大祭司はみな、ささげ物といけにえを献げるために任命されています。したがって、この大祭司も何か献げる物を持っていなければなりません。4 もしこの方が地上におられたなら、祭司であることは決してなかったでしょう。律法にしたがってささげ物をする祭司たちがいるからです。5 この祭司たちは、天にあるものの写しと影に仕えています。それは、モーセが幕屋を設営しようとしたときに、御告げを受けたとおりのものです。神は、『よく注意して、山であなたに示された型どおりに、すべてのものを作らなければならない』と言われました。6 しかし今、この大祭司は、よりすぐれた契約の仲介者であるだけに、その分、はるかにすぐれた奉仕を得ておられます。その契約は、よりすぐれた約束に基づいて制定されたものです。」

神港教会の受洗の誓約の第二項には、「あなたは神の御前に罪人であり、神の怒りに値し」とあります。求道者会において、「神の御前とはどこですか」という質問を受けました。神がすべてを見ておられるとしたら、どこにいても神の御前ではないか、と。礼拝だけでなく、確かに、日常生活のすべてが神の御前でなされています。

同時に、旧約聖書は、どこが神の御前なのかに関して、具体的な答えを提供しています。出エジプト記において、幕屋が建設されました。天上の主なる神が地上の幕屋にお宿りくださいます。幕屋は、神とお会いする「会見の幕屋」とも呼ばれました。時代が進むと、幕屋は神殿となります。神殿には、至聖所と呼ばれる特別な場所があります。会見の幕屋と至聖所に近づくことが、神の御前に出ることでした。

「この方は天におられる大いなる方の御座の右に座し……まことの幕屋、聖所で仕えておられます」（一～二節）。

「このような大祭司」（一節）は主イエスのことです。「天におられる大いなる方」は、創造主なる神のことです。「御座の右に座し」は、これまで何度も取り上げられた詩篇一一〇篇の間接引用です。「御座」とあります。日本語では、「神の」という修飾語をよく「御」で表します。「御座」とは神の座です。また、座の本来の意味は、威厳を示す王座です。以前説明しましたが、「右の座」とは、左か右かという場所的な表記ではありません。王と同じ主権が与えられている者の座です。天で神の王座の右に座しておられるとは、天上の主イエスに、神と同じ権能が与えられていることを表しています。

「まことの幕屋、聖所」は、二つの場所を指すのではありません。二つの言葉で一つの事柄、つまり神ご自身の臨在の場所を表しています。二節は五節と密接に関わっています。「人間によってではなく、主によって設けられた」とあるのは、モーセが設営した幕屋との対比です。「まことの」で修飾されているのは、地上の「写しと影」と呼ばれる幕屋との対比のためです。どちらの表現も、主イエスが大祭司として奉仕しておられるのは、地上の幕屋・神殿ではなく、いわば天に設けられた至聖所であることを表しています。

私たちは、「天」という言葉を聞くと、場所的な天や、あるいは、抽象的なはるか彼方《かなた》の世界を思い巡らしたりします。本書は特別なイメージを天に与えます。使徒信条で告白しているように、主イエスは「十字架につけられ……よみがえり、天にのぼり、全能の父なる神の右に座し」ておられます。キリスト者にとっての天とは、神と同じ権能を与えられた主イエスが、私たちの大祭司として働いてくださっているところにほかなりません。

「大祭司はみな、ささげ物といけにえを献げるために任命されています」（三節）。

私たちは神の御前に罪人であり、私たちの罪は神の怒りに値するものです。先の受洗の誓約の第二項で告白しているとおりです。その私たちが神の御前に出るには、神の赦しを乞うささげ物が必要です。旧約の民が学んできたことは、罪が贖われることのために、いけにえを献げる大祭司の働きがなければ、神の御前に進み出ることはできないということでした。大祭司は神殿において、自らの罪と民の罪のためのささげ物を用意して、至聖所に入ります。ささげ物をしない大祭司などあり得ません。

ですから、私たちの主イエスが大祭司であれば、必ず何かささげ物を持たねばなりません。七章二七節には、「イエスは自分自身を献げ」とありました。「神にお献げになったその血」(九・一四)、また「からだが……献げられた」(一〇・一〇)と、主イエスの苦しみがこれから語り出されます。苦しみが伴う仕方で自分自身を献げてくださった主イエスが私たちの大祭司です。これが本書の中心メッセージです。

「律法にしたがってささげ物をする祭司たちがいるからです。この祭司たちは、天にあるものの写しと影に仕えています」(四〜五節)。

ここは一読するだけでは、何が語られているかが分かりにくいかと思われます。著者は、地上と天上の区別と、その連続性とを語ろうとしています。「よく注意して、山であなたに示された型どおりに作らなければならない」は、出エジプト記の幕屋建設の記事です(二五・四〇)。出エジプト記は、幕屋を建てる前に、幕屋の素材や、大祭司が着る衣装や、どのような物を献げたらよいのか等、細かく規定しています。そして、できた後、指示とできた物とを照らし合わせるような仕方で、イスラエルの民がいかに指示どおりに作ったかということを克明に記します。地上の幕屋は、まさに神の指示どおりに作られました。その幕屋で、「律法にしたがってささげ物をする祭司たち」が奉仕しています。すべてがみこころのとおりです。人は決して、自分勝手に礼拝することはできません。地上の幕屋礼拝は、神の掟どおりに礼拝を守ることを学ぶ、礼拝の仕方を定めることはできませんでした。

律法によって立てられたのではない主イエスが大祭司として仕えられたのは、この地上の幕屋ではありません。主イエスは、天の「幕屋、聖所で仕えておられます」(二節)。では、地上の幕屋と天の幕屋との関係はどうなっているのでしょうか。本書は、地上の幕屋は「天にあるものの写しと影」である、と断定します。主イエスが仕えておられる天の「幕屋、聖所」こそが、「まことの」ものです。それと比べると、写しと影は劣っています。他方、写しと影は、「まことの」ものの写しと影ですから、「まことの」ものを指し示すことができる尊い役割が与えられています。地上の幕屋が写しと影であるとは、本当の礼拝の場所はどこにあるのかという問いに対して、主イエスが仕えておられる天の至聖所へと私たちの思いを導きます。

「しかし今、この大祭司は、よりすぐれた契約の仲介者であるだけに、その分、はるかに

すぐれた奉仕を得ておられます。その契約は、よりすぐれた約束に基づいて制定されたものです」（六節）。

大祭司・主イエスの奉仕は、旧約の大祭司とは全く違う「はるかにすぐれた」ものです。二度繰り返される「よりすぐれた」は、契約と約束を修飾しています。旧約の契約と新約の契約との対比が語られています。具体的にどのような意味ですぐれているのかは、ここでは説明されていません。八章一節から一〇章一八節までは実は一つの大きな段落で、その中で丁寧に解き明かされます。主イエスが「よりすぐれた契約の仲介者である」とはどういうことかなぁ、とワクワクしながら読み進めていきましょう。

当時、地上の礼拝所が天上の礼拝所と密接に結ばれているという理解は、広く一般的に受け入れられていました。両者が結ばれているからこそ、地上の礼拝は意味を持ちます。それと似た言い方をする他宗教もありました。その場合、多くは無時間的な仕方での結びつきです。本書は、そこに「今」という言葉を持ち込んできました。

本日、押さえておきたい言葉は、「今」です。旧約時代と比べ、よりすぐれた約束に基づいた、よりすぐれた契約の仲介者が、「今」私たちに与えられています。この「今」とは、ヘブル人の教会が主イエスを礼拝している今です。このように「今」を語ることは、地上の幕屋神殿での礼拝は主イエスの到来によりその働きを終えた、という驚くべき結論を導き出します（八・一三）。

これから本書は、幕屋・聖所（神殿）、犠牲、契約という言葉を繰り返し取り上げます。旧約聖書だけにとどまっていてもよいのではないか、と質問する人に、キリスト教会は何と答えるのでしょうか。本書で多用されるキーワードは、旧約聖書の周辺にある些細な事柄ではありません。旧約聖書のど真ん中にある幕屋・犠牲・契約等これらすべてが、大祭司・主イエスを指し示しています。ですから、旧約聖書に親しむ者は必ず主イエスのところにまで進み行くことになる、と本書は語ります。

＊　　　＊　　　＊

旧約聖書は、メシア預言を通して主イエスの到来に備えました。アブラハム、ダビデの系図も主イエスの誕生へと導きます。地上の幕屋や神殿と大祭司制度は、写しであり影にすぎませんが、それでも、まことの大祭司である天上の主イエスのお働きを指し示しています。私たちは、影で満足せず、まことへと進みます。モーセ律法が与えられた後、自分一人で地上の礼拝に連なった人はだれもいません。すべての人は罪人であり、罪人が神に近づくには、大祭司の奉仕が必要でした。時が満ちて、神は「今」、神である御子・主イエスを私たちの大祭司として立ててくださいました。私たちは、主イエスが大祭司として奉仕しておられる天をいつも見上げ、そのお働きに感謝し、この地上にあって神の御前での生活を心がけます。

23　新しい契約

〈ヘブル八・七〜一三〉

「7もしあの初めの契約が欠けのないものであったなら、第二の契約が必要になる余地はなかったはずです。8神は人々の欠けを責めて、こう言われました。

『見よ、その時代が来る。
　　――主のことば――
そのとき、わたしはイスラエルの家、ユダの家との
新しい契約を実現させる。
9その契約は、わたしが彼らの先祖の手を握って
エジプトの地から導き出した日に、
彼らと結んだ契約のようではない。
彼らはわたしの契約にとどまらなかったので、
わたしも彼らを顧みなかった。
　　――主のことば――

10 これらの日の後に、わたしが
イスラエルの家と結ぶ契約はこうである。
――主のことば――
わたしは、
わたしの律法を彼らの思いの中に置き、
彼らの心にこれを書き記す。
わたしは彼らの神となり、
彼らはわたしの民となる。
11 彼らはもはや、それぞれ仲間に、
あるいはそれぞれ兄弟に、
「主を知れ」と言って教えることはない。
彼らがみな、小さい者から大きい者まで、
わたしを知るようになるからだ。
12 わたしが彼らの不義にあわれみをかけ、
もはや彼らの罪を思い起こさないからだ。』
13 神は、『新しい契約』と呼ぶことで、初めの契約を古いものとされました。年を経て古びたものは、すぐに消えて行くのです。」

「契約」は、一般的には経済的な義務が伴う法律用語で、日常生活に深く関わっています。会社に入社するのも結婚するのも、契約関係の締結です。この契約という言葉が、旧約聖書（旧《ふる》い契約の書）と新約聖書（新しい契約の書）を読み解くキーワードとなっています。聖書が語る信仰は、あやふやなものではなく、神と人との堅固な契約関係の承認です。本書は、神との契約が旧い契約と新しい契約に区分されている点に光を当てます。

本日の箇所は、七節と八節aの書き出しと一三節の締め括りは著者の言葉ですが、間の八節bから一二節までは、ギリシア語訳のエレミヤ書三一章三一節から三四節までの直接引用です。まずエレミヤ書を開きましょう。

『わたしの声に聞き従え。そうすれば、わたしはあなたがたの神となり、あなたがたはわたしの民となる。……』しかし、彼らは聞かず、耳を傾けず、頑なで悪い心のはかりごとによって歩み、前進どころか後退した」（七・二三〜二四）。

神との契約は、「わたしはあなたがたの神となり、あなたがたはわたしの民となる」という神からの申し出により始まります。民は、「神よ、あなたが私たちの神となってくださいますので、私たちはあなたに従います」と応答し、契約は締結されます。

エレミヤの時代、このような契約が結ばれているにもかかわらず、民はいっこうに神に従おうとしませんでした。それは、彼らが自らの頑なで悪い心に従ってしまったからです。彼らが神との契約にとどまるには、彼らの心が変えられねばなりません。エレミヤは、契約を維持するうえで心の問題がいかに重要であるかを明らかにします。そのうえで、頑なな民に下される神の裁きを告げます。エルサレムは廃墟となり、民は捕囚としてバビロンへ連れて行かれます。悪い心がどれほど恐ろしい結末を迎えるのかをエレミヤ書は示しています。

「もしあの初めの契約が欠けのないものであったなら、第二の契約が必要になる余地はなかったはずです。神は人々の欠けを責めて、こう言われました」（七～八節a）。

七節は六節の続きです。本書の著者は、エレミヤの言葉を用いて、「よりすぐれた約束に基づいて制定された」「よりすぐれた契約」（六節）を解き明かします。その契約は、「初めの契約」（七、一三節）との対比で語られる「第二の契約」で、以後、「新しい契約」（八、一三節）と呼ばれるものです。

神の民の不服従により、初めの契約は立ち行かなくなりました。悪かったのはイスラエルの民です。彼らの心です。ですから、「神は人々の欠けを責め」ます。そうではありますが、本書の著者は、初めの契約の欠けが第二の契約を必要とした、と契約の問題点を指摘します。何が欠けていたのかは、エレミヤ書の文脈で考えるなら、神に従わない悪い心の民を、それでも契約につなぎとめることができるような道筋です。

「見よ、その時代が来る。……わたしはイスラエルの家、ユダの家との新しい契約を実現させる。その契約は……エジプトの地から導き出した日に、彼らと結んだ契約のようではない」（八b〜九節）。

三一章の新しい契約は、エレミヤ書の文脈では、バビロン捕囚という神の裁きの厳しさを味わうことになる民に告げられるものです。裁きを受ける民は、先が見えず、自分から神へ戻って行くビジョンを持てず、その気力もなく絶望するしかありません。その民に神から一方的に語られる希望の言葉が、新しい契約です。

また新しい契約が結ばれるのは、「イスラエルの家、ユダの家」の両家です。エレミヤが活動した当時、イスラエルの家つまり北イスラエル王朝は、アッシリアによってすでに滅ぼされていました。新しい契約は、神との関係の回復だけでなく、ユダヤ民族の再統合をも含んでいます。

初めの契約とは、出エジプトのときに結ばれた契約です。十戒が与えられましたが、神の民は守ることができませんでした。初めの契約においては、民の悪い心が契約の内実を蝕みました。初めの契約の欠けを補うために立てられる新しい契約は、悪い心を造り変え、犯した罪に赦しを与える契約です。

「これらの日の後に……
わたしは、
わたしの律法を彼らの思いの中に置き、
彼らの心にこれを書き記す。
わたしは彼らの神となり、
彼らはわたしの民となる。
彼らはもはや、……兄弟に、
『主を知れ』と言って教えることはない」（一〇～一一節）。

初めの契約において石の板に刻まれた十戒が、新しい契約では心の内に刻まれます。心に律法が刻まれた者は、外からの強制ではなく、自分から喜んで律法を守ります。また、神に従うことがどういうことなのかを、人から教えてもらわずとも、自分で考えます。「わたしは彼らの神となり、彼らはわたしの民となる」は、初めの契約でも新しい契約でも、この点に変更はありません。一度は民の悪い心によって崩壊した初めの契約が、新しい契約として更新され、神と民との関係が再び回復します。

ただし、その新しい契約がいつ結ばれるのかは、「これらの日の後に」（一〇節）とあるだけで、はっきり語られていません。イスラエルの民は、バビロンに連れて行かれる苦しみの中で、新しい契約が結ばれる日を待ち続けることとなりました。

「わたしが彼らの不義にあわれみをかけ、もはや彼らの罪を思い起こさないからだ」（一二節）。

新しい契約においては、神の側に大きな変更があります。神は、自らの不義のゆえに裁きを受けている民に、「不義にあわれみをかけ……罪を思い起こさない」と語りかけてくださいます。「あわれみをかけ」は、ギリシア語の直訳です。ここで引用されているエレミヤ書三一章三四節は、「不義を赦し」となっています。細かい説明で恐縮ですが、七十人訳ギリシア語聖書において、ギリシア語の「あわれみをかける」は、ヘブル語の「赦す」の訳語として用いられています。引用聖句と言葉を合わせることを念頭に置くなら、不義を赦す、とここでも言い切るほうが分かりやすいのです。

「思い起こさない」とは、記憶の問題ではありません。「神は彼らの嘆きを聞き……契約を思い起こされた」（出エジプト二・二四）とき、出エジプトのみわざを始められました。思い起こすとき、それに基づく行動が生じます。神が罪を思い起こさないとは、バビロン捕囚のような罪の裁きを行わない、ということです。ギリシア語訳は、強い否定形を用い、これからもはや決して思い起こさない、というニュアンスを表しています。慰めに富んだメッセージです。実質的には罪の赦しと同じです。

「神は、『新しい契約』と呼ぶことで、初めの契約を古いものとされました。年を経て古びたものは、すぐに消えて行くのです」（一三節）。

新しい契約において、神が民の罪を赦すことができるのは、大祭司・主イエスが、「よりすぐれた契約の仲介者であるだけに、その分、はるかにすぐれた奉仕」（六節）をしてくださるからです。新しい契約が結ばれた以上、旧《ふる》い契約は「古びたもの」として「すぐに消えて行」きます。新しい契約の最大の新しさとは、大祭司・主イエスが契約の仲介者となってくださった点にあります。仲介者・主イエスの奉仕がどれほどすぐれているか、また旧い契約の欠けが新しい契約においてどのように克服されるかについては、これからさらに丁寧に取り上げられます。

「これらの日の後に」結ばれる新しい契約が、大祭司・主イエスの十字架の贖いにより、立ち上がりました。主イエスは、十字架につけられる前の晩、聖餐式を制定し、「この杯は、あなたがたのために流される、わたしの血による、新しい契約です」（ルカ二二・二〇）と語られました。私たちは聖餐式制定の辞において「新しい契約」という言葉をいつも聞いています。旧い契約を支えていた神殿祭儀は消え去り、新しい契約締結を象徴的に表す聖餐式が確立されました。

＊　＊　＊

新しい契約の民とされ、聖霊を注がれ、神の律法を心に刻まれた私たちは、神に従いたいと心から願います。しかし、神に従いたいと願うからこそ、神に従えない自分が悲しくなります。そのような私たちに対して、神は聖餐式を与えてくださいました。私たちは、聖餐式にあずかるたびに、罪深い者が罪赦されて、新しい契約の民とされている恵みを確信できます。また、神との関係が回復された私たちは、聖餐共同体として教会を形成します。バビロン捕囚の悲しみを体験する民に示された新しい契約は、主イエスの十字架の御苦しみを仰ぐ私たちの上に、確かに今、成就しています。主イエスに結ばれた私たちは、「わたしはあなたがたの神となり、あなたがたはわたしの民となる」（エレミヤ七・二三）という神の契約に、いつまでもとどまることができます。

24　聖書に学ぶ歴史感覚

〈ヘブル九・一〜一〇〉

「1さて、初めの契約にも、礼拝の規定と地上の聖所がありました。2すなわち、第一の
幕屋が設けられ、そこには燭台と机と臨在のパンがありました。それが聖所と呼ばれる場
所です。3また、第二の垂れ幕のうしろには、至聖所と呼ばれる幕屋があり、4そこには金
の香壇と、全面を金でおおわれた契約の箱があり、箱の中には、マナの入った金の壺、芽を
出したアロンの杖、契約の板がありました。5また、箱の上で、栄光のケルビムが『宥めの
蓋』をおおっていました。しかし、これらについて、今は一つ一つ述べることはできません。
6さて、これらの物が以上のように整えられたうえで、祭司たちはいつも第一の幕屋に
入って、礼拝を行います。7しかし、第二の幕屋には年に一度、大祭司だけが入ります。
そのとき、自分のため、また民が知らずに犯した罪のために献げる血を携えずに、そこに
入るようなことはありません。8聖霊は、次のことを示しておられます。すなわち、第一
の幕屋が存続しているかぎり、聖所への道がまだ明らかにされていないということです。
9この幕屋は今の時を示す比喩です。それにしたがって、ささげ物といけにえが献げられ

ますが、それらは礼拝する人の良心を完全にすることができません。10それらは、ただ食物と飲み物と種々の洗いに関するもので、新しい秩序が立てられる時まで課せられた、からだに関する規定にすぎません。」

前回、旧新約聖書を貫くテーマとして契約を取り上げました。今回は、旧約聖書の中心テーマの一つである幕屋、聖所、至聖所に思いを向けます。聖所において「わたしは彼らのただ中に住む」（出エジプト二五・八）と語られたメッセージは、新約聖書で「ことばは人となって、私たちの間に住まわれた」（ヨハネ一・一四）という主イエスの受肉へと展開されます。旧新約聖書が揃って、一つの聖書です。両聖書の断続性と連続性、その絶妙なバランスの上にキリスト教信仰は成り立っています。

「初めの契約にも、礼拝の規定と地上の聖所がありました。すなわち、第一の幕屋が……聖所と呼ばれる場所です。また、第二の垂れ幕のうしろには、至聖所と呼ばれる幕屋があり」（一～三節）。

幕屋とその中にある至聖所建設の規定が出エジプト記に記されています。幕屋は、旅において重宝する、取り外しが簡単にできるテントのことです。神は、民の中にご自分のテントを張り、そこに宿ることによって、民がどこへ行くにしても、民と共に歩んでくださいます。

幕屋全体が聖所ですが、その中に至聖所と呼ばれる場所があります。直訳は「聖にして聖なる場所」です。聖所の中で最も聖なる所で、第二の幕によって厳密に区分されています。

「金の香壇と、全面を金でおおわれた契約の箱があり……箱の上で、栄光のケルビムが『宥めの蓋』をおおっていました」（四～五節）。

契約の板つまり十戒の石板を納める契約の箱は、神と民との契約締結の印であり、至聖所に安置されていました。本書によれば、十戒のほかに、マナの入った壺とアロンの杖が契約の箱の中に納められていました。マナの壺は荒野においてマナで養ってくださった神のあわれみを、アロンの杖は神と民との契約関係を維持するうえでの祭司の重要性を表しています。

出エジプト記の規定によれば、契約の箱は内側も外側も純金でおおわれ（二五・一一）、宥めの蓋は純金製です（同一七節）。本書では、マナの壺も純金製です。金が強調されています。至聖所は、金のふんだんな使用により、ここが天上の神の臨在の場であることを表しています。至聖所は、地上において天上を垣間見ることができる特別な場所です。

翼を広げ、宥めの蓋をおおう一対のケルビムが記されています。ケルビムは、この世に存在している被造物ではなく、天的な被造物です。神の座とも神の車とも呼ばれることがあります。「栄光」という言葉で修飾されているのは、栄光の神と非常に親しい関係にあるからです。その天的なケルビムが地上に降りて来て、宥めの蓋を両側から囲み、守っています。

「宥めの蓋」は、契約の箱の蓋です。「わたしはそこであなたと会見し……その『宥めの蓋』の上から……二つのケルビムの間から、ことごとくあなたに語る」（出エジプト二五・二二）とあり、「『宥めの蓋』の上で、わたしは雲の中に現れる」（レビ一六・二）とあります。神の臨在を表す至聖所においても、神は特にこの「宥めの蓋」の上に現れ、そこから語られます。大祭司は宥めの蓋の上に血を振りかけ、罪の赦しを希《こいねが》います。動物犠牲の血によって怒りを宥められた神が、至聖所に臨在してくださいます。罪は神を怒らせます。血は罪を贖うものであり、同時に、神の怒りを宥めるものです。罪の贖いなしで、人は神と向き合うことはできません。大祭司・主イエスの十字架の血の贖いの意義が、宥めの蓋においてすでに端的に表されています。新改訳２０１７は従来の「贖いのふた」という表記を変えました。

「祭司たちはいつも第一の幕屋に入って、礼拝を行います。しかし、第二の幕屋には年に一度、大祭司だけが入ります。そのとき……血を携えずに、そこに入るようなことはありません」（六～七節）。

祭司たちは礼拝を行うために日々、第一の幕屋つまり普通の聖所に入ります。他方、第二の幕屋つまり至聖所には、年に一度だけ大祭司だけが入ります。時をわきまえずに入るなら、死を招くことになります（レビ一六・二）。入る際、自分と民の「罪のきよめのささげ物」として雄牛と雄やぎを屠り、その血を携えねばなりません（同一一～一五節）。この規定は、大祭司であっても近づくことが困難な神の聖性を表しています。聖なる神を畏れ、罪のきよめの必要を覚える点において、この規定は有益です。しかし、礼拝の本質が最も明確に表れているる至聖所で礼拝できるのは大祭司だけです。そこには、大祭司以外のイスラエルの民はだれ一人いません。民は第一の幕屋にとどめおかれ、至聖所はある意味で民を神から遠ざけるものです。

「第一の幕屋が存続しているかぎり、聖所への道がまだ明らかにされていない」（八節）。「聖所への道」は、地上の至聖所ではなく、大祭司・主イエスが仕えておられる天上の聖所への道です（八・二）。第一の幕屋礼拝は、神の民を地上の至聖所に導くことはできず、況《いわ》んや、天上の礼拝に導くことはできません。主イエスのみが、キリスト者すべてを天上のご自分の礼拝へと招いてくださいます。第一の幕屋礼拝にしか参列できないイスラエルの民は、そこにとどまるかぎり、天上の礼拝に連なる道筋は見えてきません。

「この幕屋はその当時のための比喩です。……礼拝する者の良心を完全にすることはできません」（九節。初版一九七〇年の新改訳）。

新改訳２０１７は、従来の「その当時のための比喩」を「今の時を示す比喩」と翻訳を改めました。新しく「今」と訳された言葉は、未来との関わりでは今となりますが、今だけを表す言葉ではなく、過去から続いていることを表すこともでき、その場合は当時となります。「今の時」は本書が書かれている今を指し、「その当時」は出エジプト記の規定から主イエス到来までを含みます。本日の説教は従来の新改訳の解釈を採用します。

「比喩」とは、何かをたとえているというのではなく、幕屋がこれまでの礼拝を象徴的に表しているという意味です。従来の幕屋礼拝において、規定にしたがってささげ物といけにえを献げても、「礼拝する人の良心を完全にすることができません」でした。その当時の礼拝と比較されているのは、天上の聖所で大祭司に就任した主イエスを通しての礼拝です。ヘブル人の教会はこの恵みに豊かにあずかっています。そこから振り返って評価を下すと、幕屋礼拝が様々な点で決定的な欠陥を抱えていたことが明らかになります。

「それらは……新しい秩序が立てられる時まで課せられた」（一〇節）。

「新しい秩序が立てられる時」とは、法律用語です。古い法律が破棄され、より良い新しい法律に基づく生活が始まることを表しています。幕屋、至聖所のあり方、そこでの大祭司の働き方、ささげ物の規定、これらすべては旧《ふる》い契約に属するものです。本書によれば、これらは、からだに関する規定です。「肉的」とも訳されます。霊的でないということです。八章で学びましたように、旧い契約から新しい契約への移行が、主イエスの到来により起こりました。それに伴い、幕屋礼拝はキリスト教会の礼拝へと移行しました。これは、神の計画による必然的な進展です。著者はその論証を九章で行っています。

肉的な規定は、触れることができる物、目に見える金色等の使用を定めました。民は感覚的な把握を頼りに、天上の礼拝を思い巡らそうとしました。本書によれば、主イエスの神への従順な地上の生涯だけでなく、十字架と復活を契機としての天上での大祭司就任はすべて、肉の目で見えなくても、歴史的なリアルな出来事です。天上の礼拝への道は、肉的な規定や私たちの思い巡らしによって進み行くものではありません。私たちキリスト者は、主イエスが切り開いてくださった地上から天上に通じる一本道をたどって天上の礼拝へと進みます。

＊　　＊　　＊

著者は、出エジプト記から至聖所の恵みを読者に思い起こさせ、同時にその限界を示し、そこで表されていた恵みのすべてを主イエスの中にのみ求めるように読者を導きます。旧約聖書（旧い契約の書）を真摯に学び、新約聖書（新しい契約の書）に進み行きましょう。新約聖書の視点から旧約聖書を読むとき、神がどれほど確かに歴史を導き、どれほど豊かな備えをもって主イエスを指し示し、神の計画が主イエスにおいてどのように実現されたのか、そのことがすっと心に入ってきます。旧い契約と新しい契約の関係を解き明かす本書が教えてくれたことですが、聖書の学びは歴史を把握する感覚を研ぎ澄まし、広げ、豊かにしてくれます。このように歴史を導いて来られた神が私たちの人生を導いてくださいます。神の導きに改めて感謝し、主イエスにあって天上の礼拝に連なる礼拝を心からささげましょう。

25　良心をきよめる

〈ヘブル九・九～一四〉

「9この幕屋は今の時を示す比喩です。それにしたがって、ささげ物といけにえが献げ
られますが、それらは礼拝する人の良心を完全にすることができません。10それらは、た
だ食物と飲み物と種々の洗いに関するもので、新しい秩序が立てられる時まで課せられた、
からだに関する規定にすぎません。
11しかしキリストは、すでに実現したすばらしい事柄の大祭司として来られ、人の手で
造った物でない、すなわち、この被造世界の物でない、もっと偉大な、もっと完全な幕屋
を通り、12また、雄やぎと子牛の血によってではなく、ご自分の血によって、ただ一度だ
け聖所に入り、永遠の贖いを成し遂げられました。13雄やぎと雄牛の血や、若い雌牛の灰
を汚れた人々に振りかけると、それが聖なるものとする働きをして、からだをきよいもの
にするのなら、14まして、キリストが傷のないご自分を、とこしえの御霊によって神にお
献げになったその血は、どれだけ私たちの良心をきよめて死んだ行いから離れさせ、生け
る神に仕える者にすることでしょうか。」

本日の説教題は「良心をきよめる」です。この題が前提としているのは、「良心が汚れている」です。日本語の「良心」は、漢字からして良い心です。良心に照らして行動すると言えば、何か良いことをしているみたいです。

ところで、本書には「邪悪な良心」(一〇・二二)という表記があります。良心が汚れると、罪を犯すことに悲しみを感じなくなります。そのような良心に照らしてみても、良い行動は生まれません。良心が罪の自覚を与えるとすれば、よい良心と言えましょう。ですが、良心が鋭すぎると、自分を断罪し、絶望へと導くことがあります。良心それ自体が、救いをもたらすのではありません。聖なる神の前に立ち、自分のすべてがあらわにされる際の心の姿を、本書は「良心」と呼んでいるかと思われます。その良心がきよめられる祝福を学びましょう。

「ささげ物といけにえ……は礼拝する人の良心を完全にすることができません。それらは……からだに関する規定にすぎません」(九〜一〇節)。

九章一節から一〇節までは、旧《ふる》い契約の限界を語っています。旧い契約のもとでの礼拝は、天上の礼拝に神の民を導くことはできません(八節)。その理由は、本書によれば、旧い契約の規定で定められたささげ物といけにえを献げても、礼拝者の良心を完全にすることができないからです。

「完全にする」という言葉は、本書で九回も用いられています。キリストが成し遂げてくださるみわざを説明する用語です。キリスト抜きの従来のささげ物では「良心を完全にすることができ」ず、キリストの血のみが「私たちの良心をきよめ」ます（一四節）。そして本書は、いけにえを献げる者の心の問題ではなく、いけにえを献げる規定それ自体の問題を指摘します。良心がきよめられるには、規定そのものの変更が必要です。それゆえ、旧い契約は新しい契約に移行せざるを得ませんでした。

「キリストは……大祭司として来られ……もっと偉大な、もっと完全な幕屋を通り」（一一節）。

一一節からが新しい契約についてです。キリストが「来られ」とは、受肉のことではありません。大祭司として天の聖所へおいでくださったということです。天の聖所は、「人の手で造った物でない、すなわち、この被造世界の物でない」と記されています（参照八・一～二）。「もっと偉大な、もっと完全な幕屋を通り……聖所に入り」（九・一一～一二）とありますが、地上における聖所と至聖所の区別が天においても成り立っていると思う必要はありません。この記述は、天上におけるキリストの大祭司のお働きを語るために、地上の大祭司が働いていた至聖所のイメージを借用しただけです。天ではすべてが至聖所であると言えるでしょう。また「完全な幕屋」と「完全」という言葉を用い、地上とは違う天上の完全さを表しています。

「雄やぎと子牛の血によってではなく、ご自分の血によって、ただ一度だけ聖所に入り、永遠の贖いを成し遂げられました」（一二節）。

「雄やぎと子牛の血」とは、旧い契約におけるささげ物です（レビ一六章）。キリストは、「ご自分の血」を十字架において神に献げてくださいました。旧い契約は、罪の贖いのためには血が必要であることを指し示す点において大きな役割を果たしました。

旧い契約と新しい契約との相違点は、動物の血かご自分の血か以外に、ほかに二つあります。旧い契約では、大祭司が年に一度献げる血でした。年が替わるたびに、何度も献げられてきました。新しい契約では、キリストが「ただ一度だけ」献げる血です。歴史の中で二度と繰り返される必要がない、十字架における一回性が強調されています。もう一つの大きな違いは、新しい契約におけるキリストの血は「永遠の贖い」を成し遂げたことです。過去に犯された罪、今犯している罪、これから犯すことになる罪、そのすべての罪は贖われました。これが一一節の「すでに実現したすばらしい事柄」の内容です。永遠の贖いを成し遂げたのですから、歴史の中で一回だけで十分でした。

「雄やぎと雄牛の血や、若い雌牛の灰を汚れた人々に振りかけると……からだをきよいも

のにするのなら、まして、キリストが……お献げになったその血は、どれだけ私たちの良心をきよめて死んだ行いから離れさせ、生ける神に仕える者にすることでしょうか」（一三〜一四節）。

旧い契約の規定において、律法が禁じることを行った場合、汚れた者となり、幕屋礼拝に参加できませんでした。汚れた者に動物犠牲の血と灰が振りかけられると、幕屋礼拝に参加することが許されました。

一三節は条件文です。もし旧い契約における動物犠牲の血であったとしても、きよめる効力をもっていたと「するのなら、まして」、新しい契約の場合はどうなるのか、と続きます。旧い契約における動物犠牲の血ができることは、せいぜい「からだをきよいものに」することで、汚れた人を地上の幕屋礼拝に復帰させることでした。他方、新しい契約におけるキリストの血は、「私たちの良心をきよめ」、天上の生ける神の前での礼拝に参加させます。

またキリストの血は、「死んだ行いから離れさせ、生ける神に仕える者」とします。「死んだ行いからの回心、神に対する信仰」は、六章一節でもセットで登場していました。「死んだ行い」と「生ける神」とが対比され、死から生への大転換が、キリストの血によりなされます。神に「仕える者」は、「礼拝する人」（九・九）と同じ言葉です。キリストの血が、神から離れて死に向かっている者を神に引き戻し、生ける神に仕える者に造り変えます。キリストの血によってきよめられた良心は、自分の行いが死に向かうのか、生ける神に向かうのかを日々の生活の中で問わしめ、識別させます。

キリストが「傷のないご自分を、とこしえの御霊によって」献げたとあります。旧い規定では、犠牲として献げられる動物は「傷のない」ものでした。キリストは、罪なきお方としての歩みを生涯全うし、十字架の死に至るまで神への従順を貫き、ご自分を「傷のない」ささげ物とされました。そして「永遠の贖い」は、「傷のないご自分」の罪なき血により、「とこしえの御霊によって」成し遂げられました。「キリストが……とこしえの御霊によって」、父なる「神にお献げになった」とあり、救いが三位一体の神のみわざとして描かれています。キリストに働いた御霊は、私たちにも働きかけます。御霊は、旧い契約は新しい契約に移行したこと、キリストの血が完全な贖いをなしたこと、これらの確信を私たちの良心に植えつけてくださいます。

ここで、良心がきよめられることの意味内容を確認しましょう。キリストの血が、私たちの良心をきよめ、私たちを天上の神礼拝へと導きます。キリストの血によりきよめられた良心は、罪の自覚だけでなく、罪の赦しの確信をも持っています。そうでなければ、罪の裁きへの恐怖に襲われ、神の前に出ることはできないでしょう。良心がきよめられ、鋭くなり、自分の罪ばかりが見えてしまうことは、本書が語る良心のきよめではありません。良心は、永遠の贖いを成し遂げた十字架の血によってきよめられるのであり、良心のきよめは罪の赦しの確信と密接に結びついています。罪赦された良心が神に喜び仕えます。

話は変わりますが、説教準備中に創世記のヨセフ物語を思い起こしました。ヨセフは、父ヤコブの溺愛を受け、兄たちに妬まれてエジプトに売り飛ばされました。しかし、そこで宰相となりました。飢饉が起こり、兄たちはエジプトに食糧を求めてやって来て、ヨセフと再会します。そのときヨセフが目にしたのは、自分にしたことを悔い改めている兄たちの姿です。兄たちは、愛するヨセフが死んだと思い、悲しみに沈む父ヤコブの姿を傍らでずっと見てきました。それを通して、自分たちはひどいことをしたなぁ、と罪の自覚が深められたのではと思われます。ヨセフ物語のクライマックスは、ヨセフが兄たちを赦すことにあります。罪に苦しむ兄たちの良心は、罪赦されて初めて平安を取り戻したことでしょう。罪の自覚を生み出す良心に赦しが与えられないとすれば、それは悲劇です。

＊　＊　＊

良心は、思いのほかあやふやで、世の常識的な判断にすぐに迎合します。また私たちは、自らの良心の本当の姿に目を向けようとしません。キリストの十字架の血のみが、良心の汚れを私たちに気づかせ、その汚れた良心をきよめる力を持っていて、赦しの確信へと私たちを導きます。どれほど罪深い一週間を歩んだとしても、キリストの血のよる永遠の贖いを受けた私たちキリスト者は、良心をきよめていただいた者として、悔い改めと赦しの感謝をもって、毎主日、神の前に立ち続けます。

26　堅固な愛を表す契約

〈ヘブル九・一五～二二〉

「15キリストは新しい契約の仲介者です。それは、初めの契約のときの違反から贖い出
すための死が実現して、召された者たちが、約束された永遠の資産を受け継ぐためです。
16遺言には、遺言者の死亡証明が必要です。17遺言は人が死んだとき初めて有効になるの
であって、遺言者が生きている間には、決して効力を持ちません。18ですから、初めの契
約も、血を抜きに成立したのではありません。19モーセは、律法にしたがってすべての戒
めを民全体に語った後、水と緋色の羊の毛とヒソプとともに、子牛と雄やぎの血を取って、
契約の書自体にも民全体にも振りかけ、20『これは、神があなたがたに対して命じられた
契約の血である』と言いました。21また彼は、幕屋と、礼拝に用いるすべての用具にも同
様に血を振りかけました。22律法によれば、ほとんどすべてのものは血によってきよめら
れます。血を流すことがなければ、罪の赦しはありません。」

実は、今回の朝拝準備と同時並行で、聖書学校で行う十戒の「姦淫してはならない」のお

話を準備してきました。友だちや親友は何人いてもよいのですが、夫・妻と呼べる人はただ一人です。教会の結婚式では、生涯この人だけを愛します、と誓います。夫婦の愛は、神の前での誓約によって成立する契約の愛です。この夫婦の愛の中に、ほかのだれかを割り込ませることが姦淫の罪です。日本語では契約と愛とはあまり結びつきませんが、聖書の世界において契約とは、神と人との間に成り立つ堅固な愛を表す用語です。そして、この一人の人だけを愛するという夫婦の愛の特殊性は、ただこの神にのみ従うという神と人との契約の愛の特質と重なります。契約という言葉が指し示しているのは、愛です。

「キリストは新しい契約の仲介者です」（一五節）。

神と神の民は、契約の愛で固く結ばれたはずでした。しかし、神とイスラエルの民との初めの契約は、イスラエルの民の不信により、継続困難な状態に陥りました。そのとき神は、初めの契約を守れない神の民を見捨てることなく、新しい契約を結んでくださいました。初めの旧《ふる》い契約を破る者への神の裁きと、それにもかかわらず新しい契約を結んでくださる神のあわれみとは、一見すると矛盾するように思われますが、相並んで成立しています。

神が全力を傾けて愛してくださいます。人もその神を愛します。神以上にお金や物や、あるいは人を愛することは、契約違反とみなされます。また神の戒めは「神と隣人を愛せよ」です。神を愛することは、本当の隣人愛を育むものです。この契約の愛の豊かさは、きれいごとではありません。契約を破る者は死ぬ、という厳しさを伴っています。神と人との契約の愛は、神にとっても、人にとっても、命がけの愛です。命をかけて守り抜くに値する愛が、契約の愛です。

契約の愛を破るとき、破った人は自らの命を差し出して、詫びなければなりません。死をもってしか、契約を破った罪を取り除くことはできません。しかし契約の愛を破ったら、即、死なねばならないとしたら、契約の愛の豊かさが最後まで全うされることは困難です。それで神は、契約を破ったその人の命ではなく、その人が献げる動物犠牲の命の代価をもって罪を赦す道を、旧い契約において整えてくださっていました。

旧い契約と新しい契約との一番大きな違いは、新しい契約においては、キリストが仲介者として神と人との間に立てられていることです。仲介者という言葉は、両者の間を取り持つ世話役を連想させるかもしれませんが、キリストの仲介のお働きはもっと積極的なものです。キリストは、罪を犯した者の身代わりとして、罪人に下される裁きとしての死を、ご自分の命を献げて死んでくださいました。これが、「初めの契約のときの違反から贖い出すための死が実現して」の意味内容です。罪深い者が、仲介者キリストにより神との関係を回復し、裁きの恐れから解放され、喜びをもって神の前に進むことができる。これが新しい契約の祝福です。

そして、その契約締結が何をもたらすかが、端的に記されています。「召された者たちが、約束された永遠の資産を受け継ぐため」にほかなりません。約束された永遠の資産とは、永遠のいのちのことです。いのちの時間が永遠であるというより、永遠に続く契約の愛の完成と豊かさが永遠のいのちです。その恵みを、召された者たちが受け継ぎます。立派なことをしたから受けるのではありません。神があらかじめ召しておられた者たちに与えられるものです。自分が召されているか否かを悩む必要はありません。キリストを信じ、キリストの十字架の死を罪の贖いとして受け入れる者は、間違いなく神に召されている人です。

「遺言には、遺言者の死亡証明が必要です。遺言は人が死んだとき初めて有効になる」（一六〜一七節）。

一五節で用いられていた「契約」が、一六節と一七節では「遺言」に置き換えられています。ギリシア語では、「契約」と「遺言」とは同じ言葉です。文脈でどちらの意味にもなります。遺言は、遺言者の死をもってその効力を発揮します。契約に遺言の意味を持ち込むことで、新しい契約がキリストの十字架の死をもって効力を発揮するようになったことが強調されています。キリストは、ご自分の死をもって遺言の意味を持つ契約を発効させた、新しい契約の仲介者です。

「初めの契約も、血を抜きに成立したのではありません。モーセは……子牛と雄やぎの血

を取って、契約の書自体にも民全体にも振りかけ、『これは、神があなたがたに対して命じられた契約の血である』と言い……同様に血を振りかけました」（一八〜二二節）。

一八節からは、「死」という言葉の代わりに、「血」という言葉が多用されます。本書は、初めの旧い契約がどのように成立したかということを出エジプト記から確認しています。「モーセはその血を取って、民に振りかけ、そして言った。『……主があなたがたと結ばれる契約の血である』」と（二四・八）。契約締結には、血を振りかけるという祭儀的行為がそこに伴っていました。契約締結に際し、血を振りかけたので、「契約の血」であると宣言されました。

「遺言」という言葉で、「契約」は死をもって効力を発することが明らかにされました。また初めの旧い契約は、背く者の罪を動物犠牲の死の代価のゆえに赦すという付帯条件のもとで締結されていました。その締結に際し、血を振りかけるという祭儀的行為が重要な要素となっていたことを、本書の著者は指摘します。

ところで死と血では、ニュアンスが違います。旧約聖書において、血は命そのものです。多量の出血は死を招きます。それは、命を注ぎ出し、死に至るということです。著者がキリストの十字架の血と語る場合、そこで表されているのは十字架の死だけでなく、キリストの命です。「キリストが傷のないご自分を……神にお献げになったその血は、どれだけ私たちの良心をきよめ……生ける神に仕える者にする」（九・一四）とありました。キリストが命を差し出してくださり、汚れた良心はキリストの命と触れ合うことによってきよめられます。旧い契約の締結と同様に、新しい契約の締結においても、血つまり命そのものが決定的な意義を持っています。大祭司であり、契約の仲介者であるキリストの罪なき血こそが、新しい契約の成立根拠です。

「血を流すことがなければ、罪の赦しはありません」（二二節）。

聖餐式制定において、キリストは「杯を取り……『これは多くの人のために、罪の赦しのために流される、わたしの契約の血です』」（マタイ二六・二七〜二八）と語られました。モーセが血を取って民に振りかけ、「契約の血である」と語った言葉が、ここに引用されています。

本書は、「血を流すことがなければ、罪の赦しはありません」と語ります。キリストは、罪の赦しとご自分の血が流されることとの結びつきをはっきり意識しておられました。ですから、十字架で血を流し、死んでくださいました。そしてその意義を明らかにするために、十字架につけられる前の夜、キリストご自身が聖餐式を制定し、制定の辞でしっかりお語りになりました。聖餐式は、初めの契約の更新儀式であり、新しい契約がキリストの死と血によって締結されていることを証しする礼典です。十字架の恵みを世々にわたって覚え続けることができるように、毎回、制定の辞が朗読されて、聖餐式は守られます。

この世にあって愛という言葉はいろいろな場面で用いられ、意味内容は曖昧模糊《あいまいもこ》となっています。また自分を見つめるとき、他者に向かうはずの愛が自己中心的であり、自分の内に宿るものが愛と呼べるのかさえ危うくなります。他方、聖書は永遠に変わることのない契約の確かな愛を指し示します。さらに言葉だけでなく、キリストを通してその愛の真実にも触れることができます。

＊　　＊　　＊

契約の愛は、その愛を裏切るとき、死が到来するまことに厳しいものです。この厳しさに耐えうる者はだれもいません。ですから私たちには、神と人との間に立つ仲介者が必要です。仲介者となってくださったキリストが、新しい契約の成立根拠です。罪ある者が、罪を赦され、契約の愛にとどまることができるように、キリストは十字架で死んでくださいました。私たちのために命を注ぎ、十字架の血できよめてくださいました。感謝しかありません。

初めの契約は、人間の罪深さのために、契約の本当の効力を発揮することができませんでした。新しい契約は、罪を贖うキリストの仲介のおかげで、永遠のいのちの祝福を罪深い者にも確かに届けることができる堅固な契約です。キリストに結ばれた私たちは、新しい契約の愛の祝福を聖餐式のたびに実感し、キリストの愛をほめたたえます。

27　罪の赦しの確信

〈ヘブル九・二三〜一〇・四〉

「23 ですから、天にあるものの写しは、これらのものによってきよめられる必要がありますが、天上にある本体そのものは、それ以上にすぐれたいけにえによって、きよめられる必要があります。24 キリストは、本物の模型にすぎない、人の手で造られた聖所に入られたのではなく、天そのものに入られたのです。そして今、私たちのために神の御前に現れてくださいます。25 それも、年ごとに自分の血でない血を携えて聖所に入る大祭司とは違い、キリストはご自分を何度も献げるようなことはなさいません。26 もし同じだとしたら、世界の基が据えられたときから、何度も苦難を受けなければならなかったでしょう。しかし今、キリストはただ一度だけ、世々の終わりに、ご自分をいけにえとして罪を取り除くために現れてくださいました。27 そして、人間には、一度死ぬことと死後にさばきを受けることが定まっているように、28 キリストも、多くの人の罪を負うために一度ご自分を献げ、二度目には、罪を負うためではなく、ご自分を待ち望んでいる人々の救いのために現れてくださいます。

10・1 律法には来たるべき良きものの影はあっても、その実物はありません。ですから律法は、年ごとに絶えず献げられる同じいけにえによって神に近づく人々を、完全にすることができません。2 それができたのなら、礼拝する人たちは一度できよめられて、もはや罪を意識することがなくなるので、いけにえを献げることは終わったはずです。3 ところがむしろ、これらのいけにえによって罪が年ごとに思い出されるのです。4 雄牛と雄やぎの血は罪を除くことができないからです。」

信仰生活における最大の課題は、昔も今も変わらず、罪の赦しの確信です。キリスト者が天上の恵みの座に大胆に近づくことができるように（四・一六）、また航海にたとえるなら、地上の旅路において信仰の破船に遭遇することがないように（六・三～六）、牧会的な思いから、著者は罪の赦しをたびたび取り上げてきました。本日の箇所においても、著者は、様々な角度から強調点を変えて、罪の赦しを語り直しています。

「天上にある本体そのものは、**それ以上にすぐれたいけにえによって、きよめられる必要があります。キリストは……天そのものに入られたのです。そして今、私たちのために神の御前に現れてくださいます**」（二三～二四節）。

この部分は、前回の続きです。地上の聖所において、聖所に入る人だけでなく、「幕屋と、礼拝に用いるすべての用具」もきよめられることが必要でした（九・二二）。まことの聖所は天にあります（八・一～二）。地上の聖所は、「天にあるものの写し」であり、天にある「本物の模型にすぎ」ません。地上の聖所において神に近づくことを妨げる人の罪は、人のきよめだけでなく聖所のきよめをも必要としていたのであれば、よりきよい天上の聖所において人が神に近づくためには、もっとすぐれた仕方できよめが天上の聖所に必要でした。「天上にある本体そのもの」、「天そのもの」という強調表現は、天における「神の御前」の厳粛さを表しています。キリストは、「私たちのために神の御前に現れてくださいま」した。それは、私たちが神に受け入れられ、神のご厚意にあずかるためです。私たちが神の御前に進み出る際、私たちの罪深さが何一つ障害になることがないように、キリストは天の聖所をご自身の「すぐれたいけにえによって」きよめてくださいました。

九章二五節から一〇章四節までの流れを確認しておきましょう。キリストは、「年ごとに自分の血でない血を携えて聖所に入る大祭司とは違い、キリストはご自分を何度も献げるようなことはなさいません」（九・二五）。キリストは、「世界の基が据えられたときから」（九・二六）終末に至る全歴史の中で、十字架において「ただ一度だけ」（原語、九・二六、二八）ご自分を献げてくださいました。他方、地上の大祭司は、ささげ物を「年ごとに……何度も」（九・二五）、「年ごとに絶えず献げ」（一〇・一）ます。この対比が明らかにしていることは、ささげ物の質です。地上の大祭司のささげ物は不完全であったがゆえに繰り返し献げられる必要があり、天上の大祭司であるキリストのささげ物は完全であったがゆえに「ただ一度だけ」で十分でした。

「何度も苦難を受けなければならなかったでしょう。しかし今、キリストはただ一度だけ、世々の終わりに、ご自分をいけにえとして罪を取り除くために現れてくださいました」（二六節）。

キリストがご自分を献げることとは、苦しみを伴うみわざでした。罪を「取り除くため」とあります。この言葉は、脇に置くという意味です。聖書では本書で二度登場するだけの用語です。本書のもう一か所では「無力化する」という意味で、「廃止」（七・一八）と訳されています。キリストは、罪が神の御前で私たちを告発し訴えることがないように、罪を無力化してくださいました。

また「今……現れてくださいました」とあります。二四節でも、現れてくださった「今」が強調されていました。地上においてご自分をいけにえとして「ただ一度だけ」献げてくださった「今」、キリストは天において神の御前に現れ、大祭司として神の右に着座されました。ですから、私たちは、罪の裁きの恐れから解放され、この地上にあって毎週、神の御前に出る礼拝を献げることができます。

「人間には、一度死ぬこと……が定まっているように、キリストも……一度ご自分を献げ、二度目には……人々の救いのために現れてくださいます」（二七〜二八節）。

この二節は、「ただ一度だけ」（原語）という言葉を用いて、人の場合とキリストの場合とを対比しています。ただ一度死ぬことは、近いか遠い先かは分かりませんが、だれしも認めています。死ぬことの確かさと相並んで、著者によれば、人はただ一度「死後にさばきを受けることが定まってい」ます。生きているときは、いろいろな人が助けてくれましたが、神の裁きの前に立つときは、ひとりです。肩書きや業績や容姿や、この世で通用していたことは何も役に立ちません。生きていて行ったことすべてが神に裁かれます。これは、死ぬこと以上に恐ろしいことです。

キリストの「ただ一度だけ」とは、「多くの人の罪を負うために」、罪を赦すためのいけにえとしてご自分を献げることです。この表現は、「彼は多くの人の罪を負い、背いた者たちのために、とりなしをする」（イザヤ五三・一二）の間接引用です。人間が死ぬこと、死んで神の裁きを受けること、キリストが「ご自分を献げ」てくださったこと、これらが「一度」という言葉で結び合わされて語られています。神の裁きの座に立つとき、贖い主キリストが共にいてくださるとは、いかに心強いことでしょうか。

そしてキリストの場合には、「二度目に……現れてくださいます」と、二度目の現れが語られます。この二八節の「現れ」は、原語では二四節と二六節の「現れ」とは違う言葉で、直訳すると「見られる」です。目で見て分かるような仕方で、キリストは二度目に現れてくださいます。再臨と呼ばれている事柄です。「罪を負うためではなく、ご自分を待ち望んでいる人々の救いのために」再び来られます。そのとき、キリストの再臨を待ち望んでいる人々には、完全な救いが与えられます。このことを知るからこそ、私たちは再臨のキリストをさらに待ち望みます。二八節は、イザヤ書五三章を引用し、再臨信仰を非常に凝縮された表現で語っています。もしかしたら、この節の言葉遣いはヘブル人の教会内ですでに定着していたのかもしれません。

「……**これらのいけにえによって罪が年ごとに思い出されるのです。**……」(一〇・一〜四)。

ここでは、旧《ふる》い契約において地上の大祭司が決してなし得なかったことが述べられています。「年ごとに絶えず献げられる同じいけにえによって神に近づく人々を、完全にすることができません」(一節)とあり、「雄牛と雄やぎの血は罪を除くことができない」(四節)とあります。できないのは、ささげ物を定める律法は、「来たるべき良きもの」、つまりキリストご自身のささげ物の「影はあっても、その実物」(一節)でないからです。

またこの箇所には、仮定法が用いられています。もし仮に旧い契約が罪を完全に取り除くことができたとすれば、「礼拝する人たちは一度できよめられて、もはや罪を意識することがなくなるので、いけにえを献げることは終わったはずです」(二節)。しかし旧い契約においてて、大祭司が年ごとに繰り返しささげ物を献げています。このことは、律法に従っていても、罪が完全に取り除かれていないことを端的に表しています。

年ごとに献げる動物犠牲は、動物を献げるたびに罪の記憶を思い出させ、「あなたは罪ある者であるから、繰り返しささげ物が必要である」と語りかけます。他方、天上のキリストは「あなたにどのような罪があったとしても、わたしの十字架の血が完全にあなたの罪を拭いきよめた」と語りかけてくださいます。罪が「思い出される」という言葉は、聖書で四回用いられ、他の三回は聖餐式制定の辞に登場します。キリストが「わたしを覚えて」と語られる言葉です(ルカ二二・一九、Iコリント一一・二四~二五)。

＊　＊　＊

新しい契約に入れられている私たちですが、罪赦されたという喜びばかりではありません。日々の生活において罪にとどまり、罪の自覚と記憶に苦しんでいます。そのような私たちに、本日のみことばは決定的に重要なことを語っています。キリストの十字架の血が完全に私たちの罪を赦している、という事実です。キリストの贖いを思い起こすことができる聖餐式が与えられている、という恵みです。

罪の記憶と呵責が私たちを過去へ引き戻す強烈な力に対抗して、聖餐式は守られます。聖餐卓に「主が再び来られる時まで」と刻まれていることがあります。聖餐式は再臨待望の希望を育み、私たちの歩みを終末に向けて前進させます。罪の重荷から解放されず、罪の呵責に喘《あえ》いでおられる方々に、罪の赦しの福音を伝えることが、教会の使命です。再臨のキリストを待ち望み、完全な罪の赦しが用意されている天を見上げ、罪の赦しの恵みが溢れる器として私たちの教会を用いていただきましょう。

28 みこころを行うささげ物

〈ヘブル一〇・五〜一八〉

「5ですからキリストは、この世界に来てこう言われました。
『あなたは、いけにえやささげ物を
お求めにならないで、
わたしに、からだを備えてくださいました。
6全焼のささげ物や罪のきよめのささげ物を
あなたは、お喜びにはなりませんでした。
7そのとき、わたしは申しました。
「今、わたしはここに来ております。
巻物の書にわたしのことが書いてあります。
神よ、あなたのみこころを行うために。」』
8以上のとおり、キリストは『あなたは、いけにえやささげ物、全焼のささげ物や罪のき
よめのささげ物、すなわち、律法にしたがって献げられる、いろいろな物を望まず、また

それらをお喜びになりませんでした』と言い、9それから、『今、わたしはあなたのみこ
ころを行うために来ました』と言われました。第二のものを立てるために、初めのものを
廃止されるのです。10このみこころにしたがって、イエス・キリストのからだが、ただ一
度だけ献げられたことにより、私たちは聖なるものとされています。
11さらに、祭司がみな、毎日立って礼拝の務めをなし、同じいけにえを繰り返し献げて
も、それらは決して罪を除き去ることができませんが、12キリストは、罪のために一つの
いけにえを献げた後、永遠に神の右の座に着き、13あとは、敵がご自分の足台とされるの
を待っておられます。14なぜなら、キリストは聖なるものとされる人々を、一つのささげ
物によって永遠に完成されたからです。
15聖霊もまた、私たちに証ししておられます。というのも、
16『これらの日の後に、わたしが
　彼らと結ぶ契約はこうである。
　　——主のことば——
　わたしは、わたしの律法を彼らの心に置き、
　彼らの思いにこれを書き記す』
と言った後で、
17『わたしは、もはや

彼らの罪と不法を思い起こさない』
と言われるからです。18罪と不法が赦されるところでは、もう罪のきよめのささげ物はいりません。」

本日の聖書箇所において、五節から七節までは、詩篇四〇篇六節から八節の引用で、一六～一七節はエレミヤ書三一章三三～三四節の引用です。詩篇は「キリストは……こう言われました」（五節）とキリストのことばとして、エレミヤ書は「聖霊もまた、私たちに証ししておられます」（一五節）と聖霊のことばとして紹介されています。著者は聖書を通して、キリストの御声を聞き、聖霊の証しを聞くことへと読者を招いています。本書は、みことばを解き明かし、私たちのためになしてくださったキリストのみわざを伝える、まさに説教です。

「あなたは……わたしに、からだを備えてくださいました」（五節）。

ヘブル語聖書の「私の耳を開いてくださいました」（詩篇四〇・六）は、本書が引用するギリシア語訳では「わたしに、からだを備えてくださいました」になっています。皆様がお持ちの旧約聖書には、「からだ」という言葉はありません。どうしてこのような違いが起こったのかには立ち入りません。強調点は、ヘブル語聖書では神により開かれた耳で神の御声を聞くことに、ギリシア語訳では神により備えられたからだを使ってみこころを行うことに置かれています。

「お求めにならないで……お喜びにはなりませんでした……望まず、またそれらをお喜びになりませんでした……」（五〜九節）。

ここでは、神がささげ物を求めず、喜ばず、望まず、と否定形が続きます（五、六、八節）。そして、「あなたのみこころを行うために」が繰り返されています（七、九節）。神は、みこころを行えずに「罪のきよめのささげ物」（八節）をすることよりも、みこころを行うことをはるかにお喜びくださいます。

詩篇四〇篇の「ここに来て」（七節）いる私は、小見出しにあるダビデか詩篇作者かです。ところが著者は、「キリストは、この世界に来てこう言われました」（五節）と語り、この詩篇をキリストのことばとして引用しています。本書においては、この「わたし」はキリストです。「今」来ています（七、九節）は、直訳では「見よ」です。キリストが何のためにこの世界に来てくださったかを「見よ」と、注意喚起がなされています。

キリストは、「第二のものを立てるために、初めのものを廃止」（九節）するために、おいでくださいました。第二のものと初めのもの、新しい契約と旧《ふる》い契約、キリストご自身のささげ物と動物犠牲のささげ物とが、対比されています。キリストが来られ、罪のきよめが完全になされ、みこころが行われたので、キリストを指し示していた旧い契約は廃止され、新しい契約の時代となりました。

「このみこころにしたがって、イエス・キリストのからだが、ただ一度だけ献げられたことにより、私たちは聖なるものとされています」（一〇節）。

一〇節は、これまでの総まとめです。本書は、人間イエスと神の子・大祭司キリストという名称を意図的に使い分けています。二つが合わさったイエス・キリストという名称が登場するのは、ここが初めてです。この名前は一三章でも印象深く用いられます。著者はここで、イエス・キリストのみわざと「私たち」との関わりを心に留めています。「私たち」とは、著者と読者の両者を含むキリスト者のことです。キリスト者がどのようにして聖なるものとされるのか。その答えがここにあります。私たちが聖なるものと認められる根拠は、私たちの中でなく、キリストの中にあります。イエス・キリストが、神の「みこころにしたがって」……ただ一度だけ」、神により備えられたからだを「献げられたことにより、私たちは聖なるものとされています」。ここには、キリスト教信仰の骨格が図太く描かれています。

「祭司がみな、毎日立って礼拝の務めをなし……キリストは、罪のために一つのいけにえを献げた後、永遠に神の右の座に着き」（一一～一二節）。

旧い契約における祭司の役割と新しい契約における大祭司キリストの役割の違いが、改めて取り上げられています。祭司たちは、「決して罪を除き去ることができ」ないささげ物を繰り返し献げ、キリストは罪を完全に赦すことができるささげ物を献げてくださいました。「ただ一度だけ」のからだのささげ物（一〇節）が、「一つのいけにえ」、「一つのささげ物」（一二、一四節）と言い換えられています。

また、新たな対比があります。旧い契約の祭司は、神を敬い、神に仕え、神の前に「立って」献げました。キリストは、「神の右の座に着き」大祭司の働きをなされます。「神の右の座に着」くとは、神と栄光を共にしておられる姿を表しています。そして、このような栄光をお受けになったのは、「罪のために一つのいけにえを献げた後」です。神は、自身をいけにえとして献げられたキリストに、ご自分と同等の栄光を与えておられます。

「あとは、敵がご自分の足台とされるのを待っておられます。……」（一三〜一四節）。

著者は、これまで何度も引用してきた、「あなたは　わたしの右の座に着いていなさい。わたしがあなたの敵を　あなたの足台とするまで」（詩篇一一〇・一）の聖句により、天上のキリストを思い巡らしています。永遠に神の右の座に着いておられるキリストは、神がキリストの敵を完全にキリストに服従させてくださる終末の完成の時を待っておられます。私たちは、キリストの贖いにより神の御前では完全にきよめられています。そのことは確かです。

しかし、私たちの日常生活は神に敵対する者の攻撃に遭い、自らの罪と汚れをまとっています。キリストは、私たちの惨めさを理解し、救いを待ち望んでいる者のために、再臨されます(九・二八)。キリストの「一つのささげ物によって」「聖なるものとされ」たキリスト者が「永遠に完成され」るという約束は、再臨の日に必ず成就します。私たちが再臨のキリストを待つにもまさり、キリストご自身が再臨の日を「待っておられます」。

「**聖霊もまた、私たちに証ししておられます。というのも、『これらの日の後に、わたしが彼らと結ぶ契約はこうである。**……」(一五～一八節)。

エレミヤ書三一章の聖句は、八章八節から一二節にもありました。注意深く読むと、幾つか言葉遣いが変更されています。「イスラエルの家、ユダの家との新しい契約」(八・八)は、ここでは「彼らと結ぶ契約」と記されています。聖霊による私たちへの証しの言葉として理解するならば、「彼らと」の契約とは、イスラエルとユダの家とではなく、私たちと結んでくださる契約です。私たちキリスト者は、キリストのささげ物によってきよめられ、罪を赦され、心に律法を持っている新しい契約の民です。

そして、「罪と不法が赦されるところでは、もう罪のきよめのささげ物はいりません」と語る一〇章一八節が、四章一四節からの大祭司論の締め括りの言葉です。罪の赦しは、個人の心の問題にとどまりません。大祭司イエス・キリストが天上で神の右に着座されたことにより、地上の神殿祭儀は廃止され、キリスト教会の新しい礼拝が立ち上がりました。本書は、神殿祭儀の廃止という制度的社会的大変革の切実な課題を、罪の赦しをめぐって考察し、旧い契約から新しい契約への移行に伴う当然の結果として神学的に受けとめています。

＊　＊　＊

大祭司キリストのお働きの考察は、大祭司のとりなしが必要な私たちの罪深さを考えることと切り離すことはできません。本書は、大祭司論を語りつつ、人間とは何か、自分とは何なのか、という問いと向き合っています。自分のことは自分が一番よく知っていると思っている、それが自分でしょうか。前回学びましたが、死んで神に裁かれる自分こそ、本当の自分ではないでしょうか。

キリストは、神に裁かれる私たちを救うために、神のみこころを成し遂げてくださいました。キリストの唯一の犠牲の完全さを理解するとき、自分の罪が完全に赦されていることを確信できます。神は、新しい契約において私たちを念頭に置いて、「わたしは、もはや彼らの罪と不法を思い起こさない」（一七節）とお語りくださいます。キリストにあって私たちは確かに罪を赦されています。罪深い者が赦されている、これが私たちのまことの姿です。

キリストが大祭司になり、旧い契約は廃止され、新しい契約が立てられました。キリストが献げてくださったのは、神のみこころを行うことでした。説教題の「みこころを行うささげ物」とは、キリストのささげ物であり、私たちのささげ物です。再臨のキリストを待ち望み、「からだを、神に喜ばれる、聖なる生きたささげ物として献げ」(ローマ一二・一)、キリストに従う生活を献げる新しい礼拝のあり方を確立しましょう。

29　互いに励まし合おう

〈ヘブル一〇・一九〜二五〉

「19こういうわけで、兄弟たち。私たちはイエスの血によって大胆に聖所に入ることができます。20イエスはご自分の肉体という垂れ幕を通して、私たちのために、この新しい生ける道を開いてくださいました。21また私たちには、神の家を治める、この偉大な祭司がおられるのですから、22心に血が振りかけられて、邪悪な良心をきよめられ、からだをきよい水で洗われ、全き信仰をもって真心から神に近づこうではありませんか。23約束してくださった方は真実な方ですから、私たちは動揺しないで、しっかりと希望を告白し続けようではありませんか。24また、愛と善行を促すために、互いに注意を払おうではありませんか。25ある人たちの習慣に倣って自分たちの集まりをやめたりせず、むしろ励まし合いましょう。その日が近づいていることが分かっているのですから、ますます励もうではありませんか。」

本書の中心テーマである大祭司論は、一〇章一八節で一区切りがつきました。「固い食物」（五・一二）と比喩的に表されていた旧約聖書の詳細な引用があり、当初は大祭司論の扱いを心配していました。実際に取り組んでみると、大祭司職はもちろんのこと旧新の契約の対比、聖所、ささげ物について学ぶことができ、〝THE キリスト教〟と呼びたくなるほどキリスト教の真髄に触れた思いを抱きました。本書は、一〇章一九節から新しい段落へと進みます。「偉大な祭司がおられるのですから」（一〇・二一）、神の家でどのような信仰生活をしたらよいかが具体的に語られます。

「兄弟たち。私たちはイエスの血によって大胆に聖所に入ることができます」（一九節）。

一九節は、「兄弟たち」という呼びかけで始まっています。読者のことであり、一緒に礼拝を守っている兄弟姉妹のことです。主語は「私たち」で、著者と読者を含めたすべての教会員が含まれます。一九節から二一節の原文の構造は、「持つ」という動詞と、「大胆さ」と「偉大な祭司」という名詞の目的語から成り立っています。「大胆に」と副詞的に訳されていますが、本来は「特権・権能」という意味があります。

「イエスはご自分の肉体という垂れ幕を通して、私たちのために、この新しい生ける道を開いてくださいました」（二〇節）。

「垂れ幕」とは、旧《ふる》い契約において聖所と至聖所を分ける隔ての幕のことです。著者は、この垂れ幕をイエスの肉体と呼んでいます。この言葉が比喩的に表しているのは、地上の大祭司が隔ての幕を通って神に近づいたように、主イエスは「ご自分の肉体という垂れ幕を通して」神に近づく道を切り開いてくださった、ということです。

「肉体」は、「からだ」（一〇・五、一〇）とは違う言葉です。「肉体をもって生きている間」（五・七）という用例が示すように、肉体は人間イエスの地上の生涯を表す言葉です。主イエスは、生涯をかけて、ご自分の肉体をもって罪なく生き、罪の贖いを成し遂げてくださいました。主イエスは、神への従順な地上の歩みを通して、「私たちのために、この新しい生ける道を開いてくださいました」。私たちはこの道を通って、生ける神に近づくことができます。直接的な言及はありませんが、主イエスの肉体の復活が大前提となっているのでは、と思い巡らしました。

「また私たちには、神の家を治める、この偉大な祭司がおられるのですから」（二一節）。

「神の家」は、教会のことです。大祭司論を展開してきた著者は、誇らしげに喜びをもって語っています。私たちはイエスの血によって、神の御前に出、聖所に入る特権・権能を持っている、と。私たちは、神の家である私たちを治める偉大な大祭司イエスを持っている、と。このような特権と偉大な大祭司を持つ者は、大祭司イエスが治めておられることを表さねばなりません。以下のような教会生活を行いましょう、と勧められています。

「真心から神に近づこうではありませんか。……しっかりと希望を告白し続けようではありませんか。……互いに注意を払おうではありませんか」（二二～二四節）。

「ではありませんか」と三つの勧告が語られています。一つ目は、新しい道が開かれているのだから、神に真心から近づくことです（二二節）。「近づく」とは祭儀用語、つまり礼拝用語です。神に近づき、礼拝しよう、と言い換えることができます。私たちは、赤ちゃんが母親に近づくように、大祭司イエスを信じ信頼しきって、何の憂いもなく、偽りや飾りのないありのままの心で、喜びをもって神に近づきます。

「心に血が振りかけられ」とあります。原文には「血」という言葉はなく、文意を分かりやすくするために挿入された言葉です。心の根っことも呼べる良心が邪悪に染まった場合でさえ、「イエスの血によって」（一九節）心をきよめていただき、神に近づくことができます。

「からだをきよい水で洗われ」とあります。洗礼式で用いられる水か、祭儀的な身のきよめで用いられる水かはよく分かりません。大事なことは、心とからだの両者への言及があるということです。キリスト者は、心がきよめられていることをきよめられたからだを用いて表しながら、神に近づきます。

二つ目は、「しっかりと希望を告白し続け」ることです（二三節）。「告白」とは、教会が公に言い表し、皆で唱和できる教会の言葉です。「約束してくださった方は真実な方ですから」は、私たちが希望を抱き続けることができる根拠です。告白の内容は、神の約束に基づく希望です。本書はすでに再臨の希望を雄弁に語っています（九・二八、一〇・一三）。二五節の「その日」とは終末の完成の日のことです。教会が握っている再臨の希望の告白を、揺るがないものとしてしっかり保とうと、著者は励ましています。

三つ目は、「互いに注意を払」うことです（二四節）。「互いに愛と善行に励むように心がけ」（新共同訳）では、強調点が愛と善行に励むことに置かれてしまいます。そうではなく、まずなすべきことは、互いに注意を払い合うことです。実は、「注意を払う」という動詞は聖書で二回しか用いられておらず、もう一か所も本書です。「聖なる兄弟たち。……大祭司であるイエスのことを考えなさい」（三・一）とあります。注意を払うとは考えることです。本書は、「兄弟たち」と呼びかけて、大祭司イエスのことを考え、大祭司イエスが仕えておられる信徒に注意を払うように求めています。

教会では、執事会が愛のわざにあたり、多くの方が見えない所で他者を思いやっています。お互いのことを考えるとき、それぞれに支え合っている麗しい姿を学ぶことができ、他方、十分な配慮を受けずにいる人が身近にいることにも気づかされ、愛と善行にさらに励もうという刺激を受けます。

「ある人たちの習慣に倣って自分たちの集まりをやめたりせず、むしろ励まし合いましょ

う」（二五節）。

以上の三つの勧告を行ううえで大切なことは、「自分たちの集まりをやめたりせず、むしろ励まし合」うことです。「ある人たちの習慣に倣って」とあります。集会に参加しないことが習慣化しています。キリスト者でありながらも、キリスト者が集う「自分たちの集まり」に参加しなくなった人が、著者の周りにいます。その人たちの影響を受けてはならない、と著者は警告しています。

集会を怠る人の背後に迫害があったかと思われますが、彼らを歴史的な正確さをもって描くことは困難です。一般化して考えると、仕事や家庭中心になり、主日が別の予定で埋まったり、礼拝の恵みを感じられなくなる信仰的な弱さだったり、集会に出席したくても、ある人との接触を避けたいという思いで集会から遠ざかったり、などがあります。地上の教会は、いつの時代も問題だらけです。

著者は、集会から遠ざかることが招く悲惨な結末を心配し、切実な思いで、「むしろ励まし合いましょう」と勧めます。「その日が近づいている」とあります。二六節以降で展開されますが、「その日」とは、神のみこころが完成する日であり、キリストに結ばれた者に完全な救いが到来する日であり、悪しき者にとっては裁きの日です。究極的な仕方で神の御前に立つ日が近づいているのですから、相互に励まし合うことに「ますます励もうではありませんか」と勧められています。

これまで学んできたことを確認しておきましょう。天において、大祭司キリストが神の右の座について、大祭司としてお働きくださっています。主イエスがおいでくださったことにより、旧い契約は失効し、新しい契約の時代となり、主イエスを礼拝する神の民が起こされました。私たちは今、恵みにより新しい契約の民とされています。イエス・キリストが治めている教会で神に近づく礼拝をささげ、再臨の希望を告白し、お互いを思いやり、愛と善行のわざに励もうとしています。

＊　　　＊　　　＊

ところが今、新型コロナによって、多くの方が教会に来ることができません。私たちは、礼拝をライブ配信し、説教要約によりみことばを届け、様々な努力を行っています。それにより大祭司であるイエスを考えることができたとしても、教会に集えなくなるとき、お互いへの関心がどうしても薄らいでしまいます。お互いに励まし合うことがなければ、自分一人だけでは、信仰生活から脱落してしまう危険をだれしもが抱えています。だから励まし合うことが必要です。大祭司イエス・キリストは、私たちのために、神に近づく道をご自分の肉体を通して開いてくださいました。その道を自分一人だけで進んで行かないでください。集えない方に注意を払い、前を見て、後を振り返り、みんなで手を取り合い、一緒に神に近づいていきましょう。

30　恐るべきものを恐れる

〈ヘブル一〇・二六〜三一〉

「26もし私たちが、真理の知識を受けた後、進んで罪にとどまり続けるなら、もはや罪のきよめのためにはいけにえは残されておらず、27ただ、さばきと、逆らう者たちを焼き尽くす激しい火を、恐れながら待つしかありません。28モーセの律法を拒否する者は、二人または三人の証人のことばに基づいて、あわれみを受けることなく死ぬことになります。29まして、神の御子を踏みつけ、自分を聖なるものとした契約の血を汚れたものと見なし、恵みの御霊を侮る者は、いかに重い処罰に値するかが分かるでしょう。30私たちは、

『復讐はわたしのもの、
わたしが報復する。』

また、

『主は御民をさばかれる』

と言われる方を知っています。31生ける神の手の中に陥ることは恐ろしいことです。」

本日お読みした箇所には、たいへん厳しいことが記されています。解釈も難しいところがあります。歴史の中では、受洗後の故意に犯した罪は赦されない等、極端な解釈が施されたこともありました。説教者としては、できれば避けて通りたい箇所です。しかし今、私たちは連続講解説教の恵みにあずかっています。一つ一つの言葉を神のことばとして味わいたいと願います。著者はこの厳しい言葉で何を伝えようとしているのでしょうか。これほどの言葉をどうして語らねばならなかったのでしょうか。耳をそばだて、みことばと向き合いましょう。

「もし私たちが、真理の知識を受けた後、進んで罪にとどまり続けるなら」（二六節）。

「真理の知識を受けた後」とは、回心や洗礼の時を指すのではなく、文脈で理解すれば、「キリストの大祭司論を学んだ後」となります。この節で強調されているのは、原文で文頭に置かれている「進んで」です。「故意に」とも訳されます。自らの意志に基づく意図的な罪です。キリストの真理の知識を学んだ後に、あえて真理に逆らい、自ら進んで犯す罪を、無知や弱さによって弁護することはできません。

私たちは、キリストの唯一の一回限りのいけにえの意義を学んできました。罪の赦しのためのいけにえは、キリストの自己犠牲のみで十分です。その議論の結論として、「罪と不法が赦されるところでは」、罪を贖うための供え物、つまり動物犠牲等の「罪のきよめのささげ物はいりません」と断言されています（一〇・一八）。ところで、もしキリストのいけにえの意義を完全に意図的に否定したとしたら、そのような罪をも赦すいけにえが、どこかに残っているでしょうか。二六節は「もはや罪のきよめのためにはいけにえは残されておらず」と語ります。主イエスのいけにえの意義を否定する者の罪をも赦すいけにえなど、どこにも存在しません。

二六節は、「もし」で始まっています。主語は「私たち」です。私たちヘブル人の教会の中から、真理の教えを学んだ後に意図的にその教えを否定するようなキリスト者が輩出されていたのでしょうか。著者は、そのような輩《やから》と向き合う牧会的な大問題と対峙していたのでしょうか。

本日の箇所は、大祭司キリスト論の締め括りにあたり、励ましと勧告を行う部分です。これまで学んできたことをもう一度深く心に留めおくために記されています。ここで急にこれまでの議論を離れ、具体的な牧会問題を扱うとしたら、流れが少し不自然です。それよりはむしろ、論理的な可能性として、真理の教えを学んだ後に、私たちがもしそれを捨てたとしたらどういうことになるだろうかという問いかけとして受けとめてはいかがでしょうか。著者はこれまで学んだことの復習を、「もし」という仮定法を用いて行っています。

「さばきと……激しい火を、恐れながら待つしかありません」（二七節）。

二七節は、二六節の「残されておらず」を受けて、残っているものがあるとすれば、それは裁きだ、と論を進めます。「待つ」となっていますが、直訳は、「彼らに残っていると予期されるもの」という意味です。それは、紛れもないほどに恐ろしい裁きです。いかに恐ろしいのかが、「逆らう者たちを焼き尽くす激しい火」と比喩的に語り直されます。この火が激しく燃え上がるとき、だれも逃れることはできません。これほどすばらしいことを学んできたのに、もしそれを否定するときに予期されることを著者は思い巡らし、自ら怖いと震えあがっています。

「モーセの律法を拒否する者は……あわれみを受けることなく死ぬことになります。まして……恵みの御霊を侮る者は、いかに重い処罰に値するかが分かるでしょう」（二八〜二九節）。二六節の罪の内実が、二九節で語り直されています。「踏みつけ」るという行為は、最高度の侮蔑の表現です。キリストが再臨される終末の完成の時、「敵がご自分の足台と」（一〇・一三）なります。つまり、踏みつけられます。「神の御子を踏みつけ」る者は、再臨の日に、神の御子によって踏みつけられます。彼らは、昔信じていたけれども離れてしまったというレベルを超えて、キリストの「敵」という範疇に属する人です。

また彼らは、「自分を聖なるものとした契約の血を汚れたものと見なし」ます。キリストの十字架の血によりきよめられ、自分が新しい契約の民とされたことを学んでいたのに、その血を「汚れたものと」考えます。「汚れ」を直訳すると、「どこにでもあり、だれでもが共有できるもの」です。彼らは、十字架の血は、罪の赦しを求めて流されたものでなく、十字架で死んだ人が普通に流す血にすぎない、と考えます。「恵みの御霊を侮る」とは、悔い改めることを拒絶することです。

真理を学んだ後に意図的になされる罪の醜悪さが、これらの言葉であぶり出されています。絶対にこうなってはならないという強い警告です。カルヴァンは、彼らを「教会を棄て、キリストから全く離れている人々」、つまり「棄教者」と断定します。遠藤周作の小説を読むと、棄教者が罪意識に苦しむ複雑な心の中を垣間見ます。他方、本書で扱われている棄教者とは、罪に悩むことなく、キリストに刃向かい続ける者です。

二八節と二九節は、当時よく用いられていた小から大へと移行する論理です。小さい事柄は、旧約時代の偶像礼拝者の罪です。その場合でも、「あわれみを受けることなく死ぬ」という刑罰が下されました。大きい事柄は、御子を踏みつけ、十字架の血の贖いを否定し、悔い改めない罪です。二九節は原語では疑問文です。著者は、「どれほど重い刑罰に値すると思いますか」と問いかけています。旧約時代の容赦ない刑罰をはるかに超える、肉体が殺される以上の刑罰が下されるはずです。

著者が読者に考えさせたいのは、どれほど重い刑罰を用意することが神にとってふさわしいか、です。神がなさるであろうことを、読者はこの問いかけにより、しっかりと考えねばなりません。

「私たちは……『主は御民をさばかれる』と言われる方を知っています。……」（三〇～三一節）。

三〇節は申命記の引用です（三二・三五～三六）。旧約聖書には、神が裁かれるお方であることが丁寧に語られています。ローマ人への手紙では、復讐を自分でせず、神にゆだねることが勧められています（一二・一九）。神の報復は、悪に苦しむ人を神が擁護するために行われます。ここでは、私たちキリスト者は神がご自分の民を裁かれることを知っている、とあります。人の罪を赦すためとはいえ、神は御子をさえ十字架で裁かれたお方です。原文では、二七節の文頭と三一節の文頭に「恐れ」があり、「恐れ」で枠囲みされていて、神の赦しを真っ向から否定することへの裁きの恐ろしさが強調されています。

この段落は、「生ける神の手の中に陥ることは恐ろしいことです」（三一節）と締め括られています。恐ろしいことは多々あります。敵の攻撃、経済的困窮、病気の不安などです。私たちはともすれば人を恐れます。そのような中にあって、著者は本当に「恐るべきものを恐れる」ことを読者の心に刻みたいのです。著者にとって、それが崩れると信仰生活のすべてが崩れてしまうこと、それは神を恐れることとです。

親が子どもに何かを教える際に、大事なことを語る口調は、厳しくなり、真剣さを増すのではないでしょうか。著者が、罪の赦しを否定する罪深さとその裁きの恐ろしさをここまで語るのは、キリストの贖いを受け入れることの貴さを際立たせたいからです。

＊　　＊　　＊

著者が念頭に置いている読者は、「光に照らされた後で苦難との厳しい戦いに耐えた」経験を持っています（三二節）。著者はこれから、「約束のものを手に入れるために必要なのは、忍耐です」と勧めます（三六節）。一一章では、旧約聖書に登場する、忍耐して救いの恵みにあずかった信仰の勇者が紹介されます。迫害の多いこの世にあって忍耐して信仰生活を続けるには、恐るべきものだけを恐れる、という一本の筋が貫かれていなければなりません。読者のキリスト者は、迫害者の手に落ちるより、生ける神の手に落ちる恐ろしさを知っています。

本日の箇所は、信じないと裁かれます、と未信者に語られたものではなく、十字架の血の意義について真理の教えを受けたキリスト者に語られています。キリスト者が信仰にとどまるのは、赦しの確信と感謝があるからです。赦しの確信に生きる者にとって、その赦しを手放すことほど恐ろしいことはありません。神の赦しを知る者は、同時に、神の怒りを恐れる者です。どのようなことが起こったとしても、神のみを恐れ、大祭司キリストの罪の贖いに寄りすがり、信仰の旅路を歩み続けます。

31　喜んで耐え忍ぶ

〈ヘブル一〇・三二～三九〉

「32 あなたがたは、光に照らされた後で苦難との厳しい戦いに耐えた、初めの日々を思
い起こしなさい。33 嘲られ、苦しい目にあわされ、見せ物にされたこともあれば、このよ
うな目にあった人たちの同志となったこともあります。34 あなたがたは、牢につながれて
いる人々と苦しみをともにし、また、自分たちにはもっとすぐれた、いつまでも残る財産
があることを知っていたので、自分の財産が奪われても、それを喜んで受け入れました。
35 ですから、あなたがたの確信を投げ捨ててはいけません。その確信には大きな報いがあ
ります。36 あなたがたが神のみこころを行って、約束のものを手に入れるために必要なの
は、忍耐です。
37『もうしばらくすれば、来たるべき方が来られる。
遅れることはない。
38 わたしの義人は信仰によって生きる。
もし恐れ退くなら、

わたしの心は彼を喜ばない。』
39 しかし私たちは、恐れ退いて滅びる者ではなく、信じていのちを保つ者です。」

本日の箇所には、初代のキリスト者が遭遇した苦しみが記されています。だれによって何年にどこでなされた迫害かは特定できません。ですが、実際に起こったことが、スナップ写真で切り取ったかのように、ここに描き込まれています。初代教会の信徒たちが、苦難（三二節）の中でどのように忍耐し（三六節）、希望を抱いて信仰生活を送っていたのかに思いを向けましょう。

「光に照らされた後で苦難との厳しい戦いに耐えた、初めの日々を思い起こしなさい。……このような目にあった人たちの同志となったこともあります」（三二～三三節）。

著者は読者に、キリスト教信仰に入った当初の出来事を「思い起こしなさい」と促しています。最初のころは迫害に耐える信仰があったが、今は衰えているので、思い起こせ、と言っているのでしょうか。当初に遭遇した以上の試練が待っているので、昔耐えていたことを思い起こし、帯を締め直し、これからに備えるようにと励ましているのでしょうか。はっきりしていることは、本書が書かれていたその時、苦難に耐えていた初めのころを思い起こすことが必要であり、苦難は続いているということです。

その苦難の具体的な内容が、三三節で語られています。嘲りは言葉の暴力であり、苦しみは精神的また肉体的な痛みを伴うものです。「見せ物にされた」とは、公衆の面前でなされた屈辱的な行為です。「苦難との厳しい戦い」とあります。この戦いは、国と国が行う戦争ではありません。アスリートが参加するスポーツ競技としての戦いを連想してください。著者は、どれほどの苦しみに耐えたかより、どのようにして苦難に耐えたかを描こうとしています。スポーツ選手は、勝利を目指して苦しい練習に耐えます。著者は、目の前の苦しみを見て耐えろと言っているのではなく、その先にある勝利を見つめているからこそ、耐えることができるような苦しみに言及しています。

「同志となったこともあります」とは、同志となった人もいたし、同志とならなかった人もいた、というような曖昧な言い方ではありません。読者の教会では、実際に苦しみにあった人以外の教会員はみな、同志として彼らを支えました。教会員は、苦しみを受けた人と彼らの同志となった人と、そのどちらかだったのです。

「牢につながれている人々と苦しみをともにし……自分の財産が奪われても、それを喜んで受け入れました」（三四節）。

「苦しみをともにし」という言葉は、聖書で二回登場するだけです。もう一か所も本書で、「私たちの大祭司は、私たちの弱さに同情できない方ではありません」（四・一五）の「同情する」です。大祭司・主イエスの同情は、ともに苦しむなかで同じ思いを抱き、寄り添ってくれることです。読者の教会員たちは、主イエスと同じように、他者の苦しみを自分のこととして受けとめ、苦しみをともにしました。

財産の没収が行われたことを伝えています。牢につながれた人は、それだけでなく、財産をも奪われたのでしょう。決して許すことができない暴挙です。自分がもし財産を奪われるような目にあったらどうなるだろうかと、説教準備中、想像しました。悲しみに打ちしおれるのでは、と思いました。その思い巡らしの中で、彼らの「喜んで受け入れ」が立ち上がってきました。「自分の財産が奪われても」、彼らは慌てふためくことはありませんでした。彼らがそのようにふるまうことができた理由が、「自分たちにはもっとすぐれた、いつまでも残る財産があることを知っていたので」と記されています。絶対奪われることがないものが自分の手にまだ残っており、これを握りしめることができる、と彼らは喜んでいたのです。地上の財産が奪われるなかで、信仰によって与えられる霊の財産がいかに尊いものであるかに気づかされていったのです。

迫害で奪われることがなくても、年を重ねると、多くのものを失っていきます。本書は、「あれもこれも失った」と失ったものばかりを見つめるのではなく、「失ったものは、いつかは失うはずのものだったから」と軽い事柄として流していくことを私たちに勧めます。手放してしまったものに結びついている心を、今もまだ残っているものに向け直します。決して奪われることのないものを持っているという確信が、試練の中にあっても、喜びの光を私たちに灯し続けます。

「その確信には大きな報いがあります。……約束のものを手に入れるために必要なのは、忍耐です」（三五～三六節）。

著者は、「あなたがたの確信を投げ捨ててはいけません」と読者を励まします。そして「大きな報いがあります」と語ります。神は、苦しみの中にあるキリスト者を守り、支えてくださいます。忍耐する力を与えてくださった神のみが、ほめたたえられるべきです。そうですが、神は忍耐できる恵みを与えたうえで、さらに、忍耐した者に対して、よく頑張ったね、と労い報いてくださいます。苦しみに報いがあるとは、無駄な苦しみでなく、価値ある苦しみであるとわきまえて耐えることができる、ということです。

私たちキリスト者は、多くの約束を受けています。救いの完成の約束、天上の祝福の約束などです。「約束のものを手に入れる」とは、約束を握りしめている者に、約束が指し示している内実、つまり約束の成就が訪れるということです。約束の成就を待つ間、「神のみこころを行」うことが必要です。同時に、忍耐することが必要です。忍耐の先には、約束の成就が待っているという希望に導かれ、神のみこころに励む信徒の姿が描かれています。

読者の教会は、ともに苦しみ、忍耐し、互いに助け合う共同体でした。そして、その群れには、いつも喜びがありました。この世の所有物への囚《とら》われから解放され、霊の宝を喜ぶ喜びです。彼らは、目の前の嘲りや苦しみに耐えつつ、もっと先にある目に見えない希望を見つめていました。本日のみことばが指し示す忍耐は、歯を食いしばって我慢する悲壮感ではなく、約束が成就されるという希望を伴うものです。

「来たるべき方が来られる。
遅れることはない。
わたしの義人は信仰によって生きる……」（三七〜三八節）。

三七節と三八節は、忍耐を促すために引用されたハバクク書二章三節と四節です。ヘブル語訳は、神の約束は必ず成就するので、「もし遅くなっても、それを待て」（二・三）です。ギリシア語訳から引用する本書では、約束の成就ではなく、約束を成就してくださる「来たるべき方が来られる」となっています。来るべき方の到来は、キリストの再臨を指し示していますす。「遅れることはない」ので、しっかり待つようにという励ましです。「必要なのは、忍耐です」という促しが、再臨のキリストを心から信じて待つという希望と結び合わされています。再臨という先にあるものを待っているから、そこに忍耐が生まれます。再臨のキリストとお会いする際、あのときに忍耐していて本当に良かったと、忍耐を与えてくださった神に心からの感謝をささげます。

「もし恐れ退くなら、わたしの心は彼を喜ばない」とあります。「恐れ退く」は、「ひるむ」と訳されることがあります。たじろぎ、前進せず、後ずさりすることです。信仰の確信が揺らぎ、心が縮こまるとき、信仰の歩みは後退し始めます。神に喜ばれる生き方とは、恐れ退かず、神のみこころを行い、信仰の道を進み続けることです。

「しかし私たちは、恐れ退いて滅びる者ではなく、信じていのちを保つ者です」（三九節）。「信仰によって生きる」者と「恐れ退いて滅びる者」との対比が鮮やかです。これまで「あなたがたは」と語りかけてきた著者は、主語を著者と読者の両者を含む「私たち」に変えて結論を語ります。それも、この「私たち」は強調形です。私たちキリスト者は、「恐れ退いて滅びる者ではなく」、再臨の主を待ち望み、いつもみこころを行って、喜びをもって忍耐し、「信じていのちを保つ者です」という宣言です。

＊　＊　＊

著者は、「苦難との厳しい戦いに耐えた、初めの日々」の記憶を持っている教会に語りかけています。神港教会も、戦前、戦中、戦後の長い歴史の中で、いろいろな時を過ごしてきました。私たちの人生も、それなりの齢に至るまでに、どれほどの忍耐を重ねてきたでしょうか。忍耐を必要とする目の前の苦しみは、共に助け合い、目に見えない希望に生きる喜びの共同体を育みます。これからも、手放さねばならないものを手放すときの悲しみに押し潰されることなく、励まし合って歩みましょう。信仰に進むか退くかは、生死を分ける分岐点です。再臨のキリストを待ち望み、「約束のものを手に入れるために必要な」忍耐を祈り求めましょう。

32　死してなお語る

〈ヘブル一一・一～七〉

「1 さて、信仰は、望んでいることを保証し、目に見えないものを確信させるものです。
2 昔の人たちは、この信仰によって称賛されました。3 信仰によって、私たちは、この世
界が神のことばで造られたことを悟り、その結果、見えるものが、目に見えるものからで
きたのではないことを悟ります。
4 信仰によって、アベルはカインよりもすぐれたいけにえを神に献げ、そのいけにえに
よって、彼が正しい人であることが証しされました。神が、彼のささげ物を良いささげ物
だと証ししてくださったからです。彼は死にましたが、その信仰によって今もなお語って
います。5 信仰によって、エノクは死を見ることがないように移されました。神が彼を移
されたので、いなくなりました。彼が神に喜ばれていたことは、移される前から証しされ
ていたのです。6 信仰がなければ、神に喜ばれることはできません。神に近づく者は、神
がおられることと、神がご自分を求める者には報いてくださる方であることを、信じなけ
ればならないのです。7 信仰によって、ノアはまだ見ていない事柄について神から警告を

受けたときに、恐れかしこんで家族の救いのために箱舟を造り、その信仰によって世を罪ありとし、信仰による義を受け継ぐ者となりました。」

一一章は、「私たちは……信じていのちを保つ者です」（一〇・三九）を受けて、一節で信仰とは何かを簡潔に語り、それ以後、「この信仰によって称賛され」（二節）た、旧約聖書に登場する昔の人たちを紹介します。信仰を学ぶ一番の近道は、信仰者の生き方に触れることです。一一章で取り上げられている信仰者は、特に「約束のものを手に入れるために必要な」（一〇・三六）忍耐を体現している実例です。そして著者は、私たちキリスト者は旧約の信仰の勇者に連なる群れである、と読者を鼓舞します。

「信仰は、望んでいることを保証し、目に見えないものを確信させるものです」（一節）。

「望んでいること」とは、自分の個人的な願望ではありません。原語では、希望として望まれていることです。永遠のいのち、復活のいのち、天の故郷、神の国の進展、終末の完成等です。信仰とは、キリスト者が共々信じ望んでいる事柄に関わるものです。希望の確かさが信仰の確かさを生み出します。信仰の弱さを覚えることがあったとしても、自分の心ばかりを見つめるのではなく、前に置かれている希望に思いを向けましょう。

「保証し」は原語では名詞形で、「神の本質の完全な現れ」（一・三）とある「本質」と同じ言葉です。欄外注の別訳では「実体」となっています。「確信」（三・一四）と訳されることもあります。望んでいる事柄の本質と実体にどれほどの現実味（リアリティ）があるのかが扱われています。ここでの「信仰」とは、心に抱く思い込みではなく、神が与えてくださる希望の有効性を保証するものです。その信仰を与えられた信仰者は、実体がある希望の実現に向かって必ず歩み出します。

「望んでいること」は将来のことです。他方、「目に見えないもの」は、現在起こっていることの背後にあるものです。目に見えるものだけが、確かなものではありません。かえって惑わすこともあります。信仰とは、目に見えないものの確かさを確信することができる恵みです。信仰者は、今起こっている事柄を、見えていることだけからではなく、背後にある目に見えない神の導きに霊のまなざしを向け、受けとめます。

「昔の人たちは、この信仰によって称賛されました」（二節）。

一一章で十八回も「信仰によって」という言葉で、旧約の信仰者が説明されています。その他の用例を合わせると、本書で用いられる「信仰」という言葉の四分の三は一一章に集中しています。本書によれば、信仰者とは、「信仰によって」行動する人です。最初に登場するアベルは、「信仰によって……証しされました」とあります。実は、「称賛」する（二節）と「証し」する（四節）は、原語では同じ言葉です。その信仰が称賛に値する信仰者が、次々と本書で取り上げられていきます。

「私たちは、この世界が神のことばで造られたことを悟り……」（三節）。

神が「光、あれ」（創世一・三）と言われると、光ができました。神のことばにより造られた被造世界に、神の見えない計画が張りめぐらされており、この世界は神の見えない力で保たれています。これは、天地創造だけでなく、信仰者の人生にも当てはまります。信仰者は、神の見えない愛と力を日々の生活の中で体験します。信仰者は人生を振り返るとき、私の人生は、神の力が生きて働いていた証拠です、と語ることができるように導かれます。

「信仰によって、アベルは……信仰によって、エノクは……信仰によって、ノアは……」（四〜七節）。

アベルは、罪がなかったのに、カインの妬みによって殺されました。エノクに関しては、「神とともに歩んだ。神が彼を取られたので、彼はいなくなった」（創世五・二四）とあります。本書は、「エノクは死を見ることがないように移されました」と記します。本書のノアの扱いは、創世記（六〜九章）の簡潔な要約です。ノアは、「まだ見ていない事柄について神から警告を受けたときに」、信仰によってそのことを確信し、「家族の救いのために箱舟を造り」ました。アベルは罪なくして殺された主イエスを、エノクは復活の主イエスを、ノアは霊の家族を救う主イエスをあらかじめ表しています。本日は、アベル（創世四・一～一〇）を丁寧に扱い、エノクに触れ、ノアのことはご存じの方も多いでしょうから、時間の関係で説明を割愛いたします。

「信仰によって、アベルはカインよりもすぐれたいけにえを神に献げ……彼は死にましたが、その信仰によって今もなお語っています」（四節）。

「そのいけにえによって、彼が正しい人であることが証しされました」とあります。新約時代、アベルは「義人アベル」（マタイ二三・三五）として定着していました。「そのいけにえによって」は、解釈によっては、「信仰によって」とも理解できます（新共同訳）。アベルに関する短い記述において、たびたび「信仰によって」と語られています。

創世記には、「主はアベルとそのささげ物には目を留められた。それでカインとそのささげ物には目を留められなかった。それでカインは激しく怒り」（創世四・四～五）とあります。神は「戸口で罪が待ち伏せている」（同七節）と警告しましたが、カインは罪の支配に自らを委ね、弟アベルに「襲いかかって殺し」ます（同八節）。すると「主は言われた。『……声がする。あなたの弟の血が、その大地からわたしに向かって叫んでいる』」（同一〇節）。神は、アベルの血の叫びを聞き、カインを糾弾し、アベル殺害の大罪を曝《あば》かれました。

本書は、創世記に明記されていないことを補って、アベルの信仰を明らかにします。神がアベルに目を留められたのは、彼が「信仰によって」、より「すぐれたいけにえ」を献げたからでした。また、死んだ後もアベルは、「その信仰によって今もなお語っています」。本書で語っているのは、アベルの血ではなく、アベル自身です。死が最後にならず、死んでも神との関係が続く祝福が、「正しい人」アベルを通して描かれています。

「今もなお」は著者が挿入した言葉で、「語っています」は現在形です。著者は、創世記の引用にとどまらない、新たなメッセージを立ち上げています。アベルは、本書が書かれている「今もなお」、読者に向かって語り続けています。かつてのアベルの血のように、血の報復を求める叫び声が、読者の教会に響き渡っていたのでしょうか。カインは「のろわれている」(創世四・一一)者となりましたが、神はカインの嘆き(同一三〜一四節)を聞き、「だれも彼を打ち殺すことのないように」(同一五節)、カインを保護されました。無実の血を流した罪人を裁く神の義と、罪人にも与えられる神のあわれみとの両者を、アベルは教会に向かって「その信仰によって今もなお語ってい」るのではないでしょうか。ただし、語った内容は、説教準備中に示された思い巡らしであり、断定的に語ることはできません。

「彼が神に喜ばれていたことは、移される前から証しされていたのです。……神に近づく者は……報いてくださる方であることを、信じなければならないのです」(五〜六節)。

エノクが「神に喜ばれていたこと」は、ヘブル語聖書にはありませんが、本書が引用するギリシア語訳にはそのように記されています（創世五・二二）。ここでの「証し」も「称賛」と同じ言葉です。神は、神を喜ばせる歩みをしたエノクを称賛し、死を見ずに天に上げられるという報いを与えてくださいました。エノクは、「神がご自分を求める者には報いてくださる方」であることを証ししています。

著者はすでに、「いつまでも残る財産」を神が用意してくださっていると信じ、「財産を奪われても」信仰にとどまった人たちを紹介していました（一〇・三四）。その際、信仰の「確信には大きな報いがあります」と読者を励ましました（同三五節）。本書で「報い」という言葉が用いられるのは、この二か所だけです。神が報いてくださるのは、ご自分に「近づく者」、つまり神を礼拝する者に対してです。六節は、礼拝者に復活の報いが備えられていることを、エノクを通して暗示的に表しています。

＊　＊　＊

地上の最後が無残な死であったとしても、神に対しては死んでいるのではありません。「わたしの義人は信仰によって生き」（一〇・三八）、神とともに歩み続けます。アベルとエノクには、復活信仰の萌芽があります。「死してなお語る」は、外国ではキリスト者の墓標によく刻まれているそうです。信仰とは、観念や理想ではなく、忍耐をもって神に従う信仰者の人生そのものです。キリストが与えてくださった希望の確かさを確信し、神の見えない力に拠り頼み、キリストのすばらしさを映し出す人生を歩ませていただきましょう。

33　寄留者の人生

〈ヘブル一一・八～一六〉

「8 信仰によって、アブラハムは相続財産として受け取るべき地に出て行くようにと召しを受けたときに、それに従い、どこに行くのかを知らずに出て行きました。9 信仰によって、彼は約束された地に他国人のようにして住み、同じ約束をともに受け継ぐイサクやヤコブと天幕生活をしました。10 堅い基礎の上に建てられた都を待ち望んでいたからです。その都の設計者、また建設者は神です。11 アブラハムは、すでにその年を過ぎた身であり、サラ自身も不妊の女であったのに、信仰によって、子をもうける力を得ました。彼が、約束してくださった方を真実な方と考えたからです。12 こういうわけで、一人の、しかも死んだも同然の人から、天の星のように、また海辺の数えきれない砂のように数多くの子孫が生まれたのです。

13 これらの人たちはみな、信仰の人として死にました。約束のものを手に入れることはありませんでしたが、はるか遠くにそれを見て喜び迎え、地上では旅人であり、寄留者であることを告白していました。14 そのように言っている人たちは、自分の故郷を求めていることを明らかにしています。15もし彼らが思っていたのが、出て来た故郷だったなら、帰る機会はあったでしょう。16しかし実際には、彼らが憧れていたのは、もっと良い故郷、すなわち天の故郷でした。ですから神は、彼らの神と呼ばれることを恥となさいませんでした。神が彼らのために都を用意されたのです。」

本書には、アブラハム・イサク・ヤコブは「旅人であり、寄留者である」（一一・一三）と記されています。「寄留」を辞書で引くと、「一時的に他の家や他の土地に身を寄せて住むこと」とありました。寄留者は、自分の家や土地を持たずに、不便な生活を強いられます。他方、聖書の世界では、寄留者は保護の対象です。「あなたは寄留者を虐げてはならない。あなたがたはエジプトの地で寄留の民であったので、寄留者の心をあなたがた自身がよく知っている」（出エジプト二三・九）とあります。「寄留者」は、神の民の自己理解において、欠かすことができないキーワードです。

「**信仰によって、アブラハムは……召しを受けたときに、それに従い、どこに行くのかを知らずに出て行きました**」（八節）。

アブラハムは、父母の家で財産を受け継ぎ守るよりも、神の召しに従うことを尊び、旅立ちました（創世一二・一〜四）。本書は、「**主**が告げられたとおりに出て行った」（同四節）アブラハムの行為を「信仰によって」であった、と説明します。信仰の旅立ちは、自分勝手に始めるのではなく、神の召しに従うものです。洗礼を受けるときも、長老や執事になるときも、神の召しが先行しています。神の召しがあり、それに従う。これが信仰です。アブラハムは、「どこに行くのかを知らず」とも、召してくださった神がこれからも導いてくださるという約束を握りしめて、旅立ちました。

「信仰によって……イサクやヤコブと天幕生活をしました」（九節）。

約束の地であれば、そこがあたかも自分の土地であるかのごとくに住むこともできたはずです。しかしアブラハムは、「約束された地に他国人のように」生活しました。また、イサクとヤコブと一緒に天幕に住み、「同じ約束をともに受け継ぐ」者として、信仰によって歩めるように信仰教育を施しました。土台のある家は、その土地に定住する者が建てる住まいです。寄留者には、「天幕生活」が似合っています。彼は、このような生き方を「信仰によって」選び取りました。

「堅い基礎の上に建てられた都を待ち望んでいたからです」（一〇節）。

アブラハムは、地上の道のりにおいては行き先知らずの旅人ですが、その心はいつも天上の「堅い基礎の上に建てられた都を待ち望んで」いました。都には大勢の人が住んでいます。

数えきれない彼の子孫たちと一緒に住むことができる都です。それも、人の思いではなく、人の手によってでもなく、神ご自身が、「設計者、また建設者」となり、造ってくださる都です。彼は、堅固な都を待ち望む信仰によって、地上における不安定な天幕生活を耐えることができました。

創世記によれば、アブラハムが目指した約束の目的地は、地上的なカナンです。アブラハムが都を待ち望んでいたという記述には、創世記を超えて、新約聖書を含めた聖書全体のメッセージが含まれています。都が象徴的に表しているのは、イエス・キリストによって到来し、終末に完成する神の国です。神の国の都では、神との親密な交わりと、主イエスの贖いにより罪を赦された兄弟姉妹との交わりが与えられています。ヨハネ黙示録は、終末の完成における、新しくされた神の都、エルサレムの到来を描いています（二一～二二章）。著者は、アブラハム物語を語りながら、寄留者であるキリスト者の信仰を描いています。キリスト者こそ、この神の都を待ち望んでいます。

「信仰によって、サラも、すでにその年を過ぎた身であるのに、子を宿す力を与えられました。彼女は約束してくださった方を真実な方と考えたからです」（一一節。初版一九七〇年の**新改訳**）。

文語訳・口語訳・新改訳・新共同訳の邦訳の伝統において、フランシスコ会訳を除くと、新改訳2017が初めて、アブラハムを主語とする翻訳を採用しました。アブラハムを主語とするには、翻訳の元となるギリシア語底本の再検討が必要で、学者たちの間で長く議論されてきた難しい問題です。従来の翻訳は、サラが主語でした。牧師が通常手にするギリシア語聖書を文字どおりに文法的に読むと、「サラ自身でさえ」とサラを強調する言葉遣いがなされています。本日の説教では、サラを主語とした翻訳に従います。

創世記では、「不妊の女で、彼女には子がいなかった」（創世一一・三〇）と、アブラハムの旅立ち（同一二章）の前に、サラのことが説明されています。神は当初より、子どもができない夫婦に、多くの子孫が与えられ、大いなる国民の基となる、と約束してくださいました。その後、年月が過ぎ、サラは老人となり、「サラには女の月のものがもう止まっていた」（同一八・一一）なかで、サラは子どもが生まれるという約束を改めて聞き、「心の中で笑って」（同一二節）しまいました。創世記からは、サラの信仰を読み取ることはできません。他方、本書によれば、そのようなサラにも信仰が与えられ、サラは「約束してくださった方を真実な方と考え」、「信仰によって……子を宿す力を与えられました」。年老いてもなお新たな信仰に生きた模範として、サラは紹介されています。

「一人の、しかも死んだも同然の人から……数多くの子孫が生まれたのです」（一二節）。

多くの子孫に恵まれたアブラハム物語の祝福が、「天の星のように、また海辺の数えきれない砂」という創世記の言葉を用いて記されています。それに加え、「死んだも同然の人から」とあり、死から命の誕生というニュアンスを伝えています。この点は、一七節以降で改めて学びます。

「約束のものを……はるか遠くにそれを見て喜び迎え、地上では旅人であり、寄留者であることを告白していました」（一三節）。

アブラハムたちは、旧約時代から「はるか遠く」に、新約の主イエスによる救いの成就を「見て喜び迎え」ていたのです。旧約から新約の恵みを語る本書の真髄がここに表れています。「喜び迎え」は意訳で、本来は「だれだれによろしく」という挨拶の言葉です。友人同士が出会ったときに声を張りあげて交わす挨拶をイメージして、「喜びの声をあげ」と訳す聖書もあります。アブラハム・イサク・ヤコブは、「約束のものを手に入れることはありませんでしたが」、天上で主イエスと出会って喜びの声をあげる日を憧れながら、「地上では旅人であり、寄留者であることを告白し」、「信仰の人として死にました」。

「自分の故郷を求めていることを明らかにしています。……彼らが憧れていたのは、もっと良い故郷、すなわち天の故郷でした」（一四～一六節a）。

ここでは、「故郷」という言葉が多義的に用いられています。だれしも、故郷を「求めて」おり、「思って」おり、「憧れて」います。普通の人にとっての故郷は、自分の出生地である「出て来た故郷」です。他方、信仰者が、故郷のように「求め」「思って」「憧れ」るものは、天にある「もっと良い故郷、すなわち天の故郷」です。これが、信仰者にとっての「自分の故郷」です。

「故郷」という言葉で表されている内容は、市民権が付与される土地のことです。故郷に名前が登録されている者は、故郷にいれば、その特権を享受できます。寄留者は、住んでいる場所に市民権を持たず、土地の人なら当然持っている権利を行使できません。キリストの名を帯びているキリスト者に許されている特権は、「天の故郷」にあります。

「ですから神は、彼らの神と呼ばれることを恥となさいませんでした。神が彼らのために都を用意されたのです」（一六節bc）。

父祖たちは、地上の「出て来た故郷」に帰ろうとせず、過去の生活を懐かしむこともなく、ひたすらに「天の故郷」を憧れて歩む旅人です。「旅人」という言葉には、見知らぬ者という意味があります。この地にあって、人々から見知らぬ者として疎んじられる者を、神は友と呼び、彼らの神となってくださいます。仮につまずきばかりの歩みであったとしても、神は、彼らを恥じることも、また彼らの神と呼ばれることも恥となさいません。神は、「彼らのため」の都をご自身で設計し、建設し、用意し、彼らの到着を待っておられます。

＊　　＊　　＊

キリスト者は、地上では天幕生活の旅人ですが、天には立派な故郷を持っています。この世で約束のものを入手できなくても、途上で終わったとしても、「はるか遠くに」目を向け、都において主イエスと兄弟姉妹と出会って喜びの声をあげる日を待ち望んでいます。年老いてもなお信仰的に成長する恵みに招かれています。不便を伴う寄留者としての私たちの歩みは、目的地を子孫に指し示す足跡となります。「信仰によって」生きたと神に認めていただける人生こそ、本当に生きがいのある人生です。

34　死に打ち勝つ復活信仰

〈ヘブル一一・一七〜二二〉

「17信仰によって、アブラハムは試みを受けたときにイサクを献げました。約束を受けていた彼が、自分のただひとりの子を献げようとしたのです。18神はアブラハムに『イサクにあって、あなたの子孫が起こされる』と言われましたが、19彼は、神には人を死者の中からよみがえらせることもできると考えました。それで彼は、比喩的に言えば、イサクを死者の中から取り戻したのです。20信仰によって、イサクはやがて起ることについて、ヤコブとエサウを祝福しました。21信仰によって、ヤコブは死ぬときに、ヨセフの息子たちをそれぞれ祝福し、また自分の杖の上に寄りかかって礼拝しました。22信仰によって、ヨセフは臨終のときに、イスラエルの子らの脱出について語り、自分の遺骸について指示を与えました。」

死についていつも考えている人と、あまり考えないようにしている人と、人それぞれですが、自分の死と愛する人の死はだれにとっても身近にあります。旧約の信仰の偉人を紹介する一一章は、死んでもなお語るアベル（四節）、死を経験せずに天に上げられたエノク（五節）、死の洪水から救われたノア（七節）を取り上げ、冒頭から死を意識しています。イサク誕生の際、アブラハムのことを「死んだも同然の人から」（一二節）と、著者が語るのも意図的です。子を宿すという意味では、妻のサラのほうが当てはまります。アブラハムとサラは、死の現実を打ち破り、イサクをもうけ、「天の星のように、また海辺の数えきれない砂のように数多くの子孫が生まれ」（同節）るという祝福にあずかりました。信仰生活は、どのように生きるか、また死と向き合うか、そしてどのように死を乗り越えるか、です。

「信仰によって、アブラハムは試みを受けたときにイサクを献げました」（一七節a）。

イサクを献げる物語は、創世記では「神がアブラハムを試練にあわせられた」（二二・一）という言葉で始まっています。多くの英訳聖書は、原語のニュアンスを活かして、試練を「テスト」と訳しています。アブラハムは、神からの「試みを受けた」ことにより、最優先にすべきことは、神の言葉に従うことか、愛するわが子への思いかの選択を迫られ、自分の中で整理することができました。ところで、創世記の物語は彼の内面の葛藤には触れず、淡々と進んでいきます。「私と息子はあそこに行き……戻って来る」（同五節）とアブラハムは従者に語り、何を献げるかを質問したイサクには、「神ご自身が……備えてくださる」（同八節）と告げます。その言葉どおり、「角を藪に引っかけていた」（同一三節）雄羊が備えられていて、「**主**の山には備えがある」（同一四節）と言葉が続きます。試練の中で神の「声に聞き従った」（同一八節）アブラハムに、神はご自分の約束を成就してくださると、御使いを通して告げます（同一七〜一八節）。アブラハムは、神に従うなら神が万事を備えてくださるという絶対的な信頼を神に寄せており、「自分のひとり子を惜しまなかった」（同一六節）という神への完全な服従を成し遂げることができました。

「**約束を受けていた彼が、自分のただひとりの子を献げようとしたのです。……**」（一七b〜一八節）。

神はアブラハムに「イサクにあって、あなたの子孫が起こされる」（一八節、創世二一・一二）と約束してくださいました。それなのに神は、イサクを「全焼のささげ物として献げなさい」（創世二二・二）と命じられました。アブラハムがイサクを献げ、イサクが死ねば、イサクを通しての神の約束の成就はあり得ません。イサクによる子孫の繁栄とイサク奉献の命令とは相反しているように思われます。創世記の文脈に則して読むと、「約束を受けていた」が、それにもかかわらず従った、となります。他方、本書は一九節でイサクのよみがえりに言及します。すると、「約束を受けていた」ので、復活するとまで信じることができ、従ったとなります。どちらにしても、約束の成就を諦めて従った、と言いきることはできません。

「それで彼は、比喩的に言えば、イサクを死者の中から取り戻したのです」（一九節）。

本書の著者は、このアブラハムは「神には人を死者の中からよみがえらせることもできると考え」ていたのだ、と説明します。死を絶対視する人間の論理は通用しませんが、アブラハムは神の視点から物事を「考え」る信仰者としての論理的な思考を持っていました。神がイサクを通しての約束の成就を願っておられるなら、イサクが死んでも、イサクを通しての約束の成就はあり得るはずだ、と考えたのです。

アブラハムはイサクを実際には殺していませんので、文字どおりの意味で「イサクを死者の中から取り戻した」わけではありません。語るとすれば、「比喩的に言えば」となります。比喩には型という意味もあり、アブラハムの信仰は復活信仰に連なる一つの型を表しています。ローマ人への手紙も、アブラハムは「死者を生かし、無いものを有るものとして召される神を信じ」（四・一七）と記しています。創世記だけから、アブラハムの復活信仰へと一気に進むことはできません。ですが、新約の教会は、復活の主イエスの光に照らされて、信仰の父祖アブラハムに復活の希望が宿っていたことを見つめていました。

「信仰によって、イサクはやがて起こることについて……信仰によって、ヤコブは死ぬときに……信仰によって、ヨセフは臨終のときに」（二〇〜二二節）。

アブラハムに続く、イサク・ヤコブ・ヨセフの三人の父祖たちが「信仰によって」と紹介されます。イサクの死後に「やがて起こる」ことは、継承される祝福のことです。創世記ではイサクが祝福したのはヤコブだけですが、本書ではエサウも含まれています。「ヤコブは死ぬときに」、「自分の杖の上に寄りかかって礼拝」したとは、ギリシア語訳にある言葉です。「ヨセフは臨終のときに」、出エジプト後に到来する、アブラハムに語られていた約束の土地に思いを馳せ、そこに納めるように「自分の遺骸について指示を与えました」。父祖たちが持っていた信仰は、自分の代で完結するようなものではありません。父祖たちは、彼らの死後、彼らの子孫の代で成就する約束を信じていました。父祖たちは三人とも死に臨んで願っていたことは同じで、自分の死後に到来する子孫への祝福です。「約束のものを手に入れること」(一一・一三)がなくても、死で途切れることのない約束の確かさにとらえられていました。

先週の月曜日に愛する姉妹が天に召され、久々に人が集まる葬式が教会で行われました。彼女は亡くなる前日の主日、ライブ配信の礼拝動画をご家族と一緒に見て、頷《うなず》いておられました。「契約の子」として生まれた日から人生の最後の主日まで、礼拝の恵みにあずかり続けることができました。姉妹は多くの愛唱聖句を登録しておられました。その一つは、「あなたの慈しみは命にもまさる恵み」(詩編六三・四、新共同訳)です。「あなたの慈しみ」とは、神の約束の根底に流れている神の愛です。世代を超えて受け継がれていくものです。それも、「命にもまさる恵み」とあります。私たちキリスト者にとって一番大切なものは、地上の命ではありません。命にもまさる神の慈しみに生かされているので、「生きるかぎりあなたをほめたたえ」（同節、新改訳２０１７）ます。

アブラハムが試されたように、私たちも信仰生活において、神の試しを受けます。神の契約の愛をいつも第一にしているかが試されています。親の愛や夫婦の絆でさえ、神から人を引き離す誘惑として用いられることがあります。試練にあい、試され、何度も失敗を繰り返してきた私たちです。ですから、私たちはアブラハムの物語から学ばねばなりません。試練の中にあっても、淡々と神のことばに従う姿勢です。矛盾しているように見えても、神に従うとき、「主の山には備えがある」と記されているように、必ず神の備えを体験します。

私たちの頭で考えるかぎり、人生は死で終わり、それでおしまいです。そしてこの思いが人生の晩年を暗くします。しかしそこに、神の約束が天から与えられます。私たちは、みことばを通して実際にその信仰に生きた父祖たちの姿に触れることができます。また何よりも、イエス・キリストの十字架と復活が、死に打ち勝つ信仰を明らかにしています。アブラハムが抱いていた復活信仰の初穂が、聖霊によって、新約の教会において多くの実りを結んでいます。なんと感謝なことでしょうか。私たちは死に取り囲まれています。死に打ち勝つ復活信仰が私たちにはどうしても必要です。

私たちは今、主イエスに結ばれ、死を乗り越えて継承される契約の確かさの上に、人生を築くことを許されています。人間の死は、神の約束の成就の妨げにはなりません。神の計画の進展を、だれも止めることはできません。神の約束にあずかる者は死んでも、神がよみがえらせてくださいます。神の約束の成就を見ることができる地点に、神は信仰者を必ず立たせてくださいます。

＊　　＊　　＊

父祖たちの信仰の延長線上を、新約の民も信仰によって歩んでいます。父祖たちが死に臨んで、子孫の祝福を語ったように、私たちも霊の子孫の祝福を祈り続けます。言葉だけでなく自らの死と向き合う姿をもって、子どもたちに信仰者の祝福を伝えます。無力であるがゆえに神に拠り頼み、聖霊の助けを祈り求めましょう。私たちは、聖霊に支えられ、死を前にしても絶望せず、臨終の時にも礼拝し、神の約束の確かさを子孫に手渡します。

35　勇気ある信仰

〈ヘブル一一・二三〜三一〉

「23信仰によって、モーセは生まれてから三か月の間、両親によって隠されていました。
彼らがその子のかわいいのを見、また、王の命令を恐れなかったからです。24信仰によっ
て、モーセは成人したときに、ファラオの娘の息子と呼ばれることを拒み、25はかない罪
の楽しみにふけるよりも、むしろ神の民とともに苦しむことを選び取りました。26彼は、
キリストのゆえに受ける辱めを、エジプトの宝にまさる大きな富と考えました。それは、
与えられる報いから目を離さなかったからでした。27信仰によって、彼は王の憤りを恐れ
ることなくエジプトを立ち去りました。目に見えない方を見ているようにして、忍び通し
たのです。28信仰によって、彼は長子を滅ぼす者が自分たちに触れることがないように、
過越の食事をし、血を振りかけました。29信仰によって、人々は乾いた陸地を行くのと同
じように紅海を渡りました。エジプト人たちは同じことをしようとしましたが、水に呑み
込まれてしまいました。30信仰によって、人々が七日間エリコの周囲を回ると、その城壁
は崩れ落ちました。31信仰によって、遊女ラハブは、偵察に来た人たちを穏やかに受け入

れたので、不従順な者たちと一緒に滅びずにすみました。」

モーセ物語の五つの場面が、「信仰によって」という言葉で切り取られて紹介されています。うち二か所が、恐れない（二三、二七節）という言葉と結ばれています。説教題にありますように、恐れに打ち勝つ「勇気ある信仰」にスポットを当てて学びます。その信仰に生きるには、何を見つめているかが大切です。恐れを取り除くお方を見つめているとき、「信仰によって」勇気ある選択をすることができます。

「信仰によって……彼らがその子のかわいいのを見、また、王の命令を恐れなかったからです」（二三節）。

モーセが生まれたころ、イスラエル人から生まれる男の子はすぐに殺せ、という命令がエジプトの王から出されていました。権力者は、昔も今も、命を要求することがあります。二三節の「信仰によって」は、モーセの両親のことです。彼らが見ていたモーセのかわいらしさは、親ならだれしもが抱く類いのものではありません。信仰によって、わが子が将来、神の計画に用いられることを見ていました。両親はモーセに希望を託し、すぐに殺さず、三か月守りました。さらにモーセが生き延びる道を模索し、防水加工を施した籠に入れ、ナイル川に浮かべました。そのとき、王の娘に拾われました。これは、特別な神の計らいです。またモーセの姉の機転により、実の母が乳母となることができました。モーセの神の民としての自覚が、出エジプト記を貫いています。どうしてその自覚を持つことができたのか。実の母が祈りをもって育て、語り聞かせていたからです。王の命令を恐れない勇気ある信仰がモーセの両親にあったからこそ、出エジプト記の物語は成立しました（出エジプト一・二二～二・一〇）。

「信仰によって、モーセは……むしろ神の民とともに苦しむことを選び取りました」（二四～二五節）。

モーセが同胞の民のために行動を起こしたのは、四十歳の時でした（使徒七・二三）。人間的に見れば、成人したモーセが王宮に残れば、神の民に便宜を図る政策決定に携わる可能性もあったのではと思われます。しかしモーセに迫られた決断は、神の民イスラエル人として生きるか、エジプトの王宮の一員として生きるかの二者択一でした。神の民とともに生きることが神のみこころだと分かってしまった以上、モーセにとって、王宮にとどまることは神の導きに従わない罪となりました。モーセは、「ファラオの娘の息子と呼ばれることを拒み、はかない罪の楽しみにふけるよりも、むしろ神の民とともに苦しむことを選び取りました」。虐待する側の人間が、虐待される側の人間になりました。

「ともに苦しむ」は、よくある言い回しのようですが、実は一つの動詞で、聖書に登場するのはここだけです。本書の著者の造語ではないかと言われています。神の民と苦しみを共にすることを選ぶ覚悟と勇気が、「信仰によって」（二四節）で表されています。信仰は、自分一人が天国に行く旅路ではありません。

「彼は、キリストのゆえに受ける辱めを、エジプトの宝にまさる大きな富と考えました」（二六節）。

「キリストのゆえに受ける辱め」には、様々な解釈がなされてきました。直訳は「キリストの辱め」で、多くの英訳で採用されています。伝統的な解釈は、永遠の御子キリストは、旧約時代を通して神の民の中に臨在しておられ、神の民が受ける苦しみをいつも共に担ってくださっていた、というものです。ゆえに、モーセはキリストの辱めを受けた、となります。最近の解釈は、モーセの苦しみはキリストの苦しみを先取りしていた、というものです。モーセは、王女の子でしたが、神の民と苦しみを共にしました。キリストはまさに神の御子ですが、神の民と苦しみを共にし、十字架へと進まれました。神の民と苦しみを共にしようとしたモーセの決断は、当初同胞の民に理解されませんでした。キリストも自分の民から排斥されました。モーセは辱めを受けることで、キリストを指し示す役割を果たしていました。

本書の著者は、モーセ物語にキリストの辱めという言葉を書き込むことで、信仰的な決断を下すなら、キリストに浴びせられたような辱めを受けることを読者に伝えようとしています。また、辱めを受けることに積極的な意義を持たせています。モーセは、その辱めを「エジプトの宝にまさる大きな富と考えました」。そのように考えることができたのは、モーセが先を見越していたからです。神が神の民を救うという約束を成就してくださるとき、エジプトは滅びます。出エジプトのために尽力したモーセの労苦は、必ず報われます。モーセがエジプトの楽しみをはかないものとみなし、キリストの辱めを耐えることができたのは、「与えられる報いから目を離さなかったから」です。

「信仰によって、彼は王の憤りを恐れることなくエジプトを立ち去りました」（二七節）。
王宮で育ったモーセは、王の力をだれよりも知っています。王が怒るとき、何が起こるかを間近で見てきました。モーセは、自分に向けられる「王の憤りを恐れることなく」、勇気をもって王に刃向かい、一歩も退くことなく、イスラエルの神の民を率いて、「エジプトを立ち去りました」。

「目に見えない方を見ているようにして、忍び通したのです」とあります。出エジプトに際し、怒り狂うエジプト王を見つめていたら、怖くなり、不安が大きくなっていったことでしょう。しかし、モーセが見つめていたのは、目に見えない神です。人ではなく神を見つめる「信仰によって」、モーセは恐れを克服して、王の前で毅然とした力強さを保つことができました。

「信仰によって……過越の食事をし、血を振りかけました。信仰によって、人々は乾いた陸地を行くのと同じように紅海を渡りました」（二八〜二九節）。

過越の食事と紅海を渡ることとは、出エジプト記のクライマックスです。血を鴨居に振りかけるという行為が、禍《わざわい》を避ける魔術的な力を持っていたのではありません。モーセが「信仰によって」行ったので、イスラエルの長子は「滅ぼす者」から守られました。二九節はイスラエルの人々の信仰です。「エジプト人たちは同じことをしようとしましたが、水に呑み込まれてしまいました」。彼らは、信仰によって渡ろうとしなかったからです。イスラエルの民が紅海を渡ることができたのは、モーセと民とが同じ信仰を持っていたからです。

「信仰によって、人々が七日間エリコの周囲を回ると、その城壁は崩れ落ちました。信仰によって、遊女ラハブは……滅びずにすみました」（三〇〜三一節）。

エリコの城壁が崩れたのは、物理的な力によらず、神のことばに従って、「信仰によって、人々が」城壁の周りを七日間回ったからです。この逸話が本書に含まれるのは納得できます。ここで興味をひくのは、モーセの後継者であるヨシュアの代わりに、遊女ラハブが取り上げられていることです。彼女はエリコの町で遊女でした。救いを必要とし、待ち焦がれていたのでしょう。ラハブはイスラエルの神を信じていました。イスラエルの民が攻めて来たら、エリコは負けると思っていたので、勇気を持ってイスラエルの「偵察に来た人たち」をかくまいました。その信仰によって、ラハブは「滅びずにすみました」。ラハブは、マタイ福音書の主イエスの系図にも記されています（マタイ一・五）。本書で「信仰によって」と取り上げられている人は、ヘブル人の教会が模範とすべき信仰者たちです。異邦人の遊女の信仰をも模範にする柔軟さが初代教会にありました。

＊　＊　＊

危機的状況下では、一つの決断が生死を分けます。モーセと彼の両親とラハブ等は、勇気ある信仰によって、命の道を選びました。本書の著者は、苦しみを共にしたモーセを指し示すことで、ヘブル人の教会が苦しみを担い合う教会へと成長することを願っています。求められているのは、神の民とともに苦しみを担い、キリストの辱めをも引き受ける勇気です。私たちの先輩のキリスト者は、日本という異教社会の中で地上的な権力者を恐れずに勇気を持って、信仰の道を後に続く者のために切り開いてくださいました。

教会がこれから進む道に、課題は山積しています。解決には多くの痛みを伴うことでしょう。みこころであれば、困難に道を塞がれても、紅海が二つに分かれたように、進むべき道が開かれることを信じます。みこころでないと知りつつもそこにとどまれば、手にするのははかない楽しさだけです。信仰生活は信仰的な決断の積み重ねです。私たちは、見えない神に目を凝らし、みこころの実現のために労することを自分の人生として選び取ります。「エジプトの宝にまさる」永遠の「大きな富」が私たちを待っています。

36　生きづらい世を信仰によって生きる

〈ヘブル一一・三二〜四〇〉

「32これ以上、何を言いましょうか。もし、ギデオン、バラク、サムソン、エフタ、ま
たダビデ、サムエル、預言者たちについても語れば、時間が足りないでしょう。33彼らは
信仰によって、国々を征服し、正しいことを行い、約束のものを手に入れ、獅子の口をふ
さぎ、34火の勢いを消し、剣の刃を逃れ、弱い者なのに強くされ、戦いの勇士となり、他
国の陣営を敗走させました。35女たちは、死んだ身内の者たちをよみがえらせていただき
ました。また、ほかの人たちは、もっとすぐれたよみがえりを得るために、釈放されるこ
とを拒んで拷問を受けました。36また、ほかの人たちは嘲られ、むちで打たれ、さらに鎖
につながれて牢に入れられる経験をし、37また、石で打たれ、のこぎりで引かれ、剣で切
り殺され、羊ややぎの皮を着て歩き回り、困窮し、圧迫され、虐待されました。38この世
は彼らにふさわしくありませんでした。彼らは荒野、山、洞穴、地の穴をさまよいました。
39これらの人たちはみな、その信仰によって称賛されましたが、約束されたものを手に
入れることはありませんでした。40神は私たちのために、もっとすぐれたものを用意して

おられたので、私たちを抜きにして、彼らが完全な者とされることはなかったのです。」

石で打たれた信仰者（三七節）の一例は、歴代誌第二、二四章に記されています。「のこぎりで引かれ」（三七節）は、聖書には記されていません。聖書以外の伝承によれば、預言者イザヤが該当します。旧約聖書になじみのない者にとっては具体的なイメージを抱きにくいのですが、本書の読者は「あの人かなぁ、この人かなぁ」と思い巡らしながら、本日の箇所を読んだのではと思われます。興味深いのは、地上の生涯において、信仰によって危機的状況から救われた人と、信仰によって辛苦を体験した人とが同じように記されていることです。私たちは、信仰によって何を期待するのでしょうか。

「……彼らは信仰によって、国々を征服し、正しいことを行い、約束のものを手に入れ……他国の陣営を敗走させました」（三三〜三四節）。

ギデオン・バラク・サムソン・エフタは士師記に記されています。「約束のものを手に入れ」（三三節）は、「約束されたものを手に入れ」なかったという記述（三九節）と矛盾するように思えますが、約束の内容が全く違います。士師たちは、敵が強そうに見えても、神が戦えと命じたときは勇敢に戦い、約束どおりに勝利を手にしました。聖書は彼らの失敗も伝えています。彼らは、信仰によって、「弱い者なのに強くされ、戦いの勇士となり」、敵を退け、士師として用いられました。

「ダビデ、サムエル、預言者たちについても語れば、時間が足りないでしょう」とあるとおり、彼らに言及すれば、一一章は膨大な量になります。原文では「私が語れば、私には時間が足りない」となっています。著者の私がこれほど明確に登場するのは、ここだけです。旧約聖書に登場する信仰の勇者に関し、だれの名前を記すのか、著者は悩んだことでしょう。

「ほかの人たちは、もっとすぐれたよみがえりを得るために、釈放されることを拒んで拷問を受けました」（三五節）。

「死んだ身内の者たちをよみがえらせていただ」いた女は、列王記第一に記されています（一七・一七〜二四）。ここまでが、信仰によって、この世において目に見える祝福を与えられた人です。これからは、信仰があったがゆえに苦労した人のことが取り上げられます。「ほかの人たち」は、信仰を捨てるなら命が助かる状況で、信仰を守り通して拷問にかけられ、死にました。彼らが求めていた「もっとすぐれたよみがえり」は、「死んだ身内の者たち」のいずれは死ぬ一時的なよみがえりではなく、永遠のいのちに至るよみがえりのことです。この世で拷問を避けるために信仰を放棄するなら、しばらく命が長らえても、死を迎えれば、すべてが終わります。この世で苦しいことがあっても、信仰にとどまるなら、永遠のいのちへとよみがえります。本書によれば、この復活信仰に支えられた信仰者が旧約時代にもいました。

「ほかの人たちは嘲られ、むちで打たれ、さらに鎖につながれて牢に入れられる経験をし……この世は彼らにふさわしくありませんでした」（三六〜三八節）。

信仰によって、「獅子の口をふさぎ、火の勢いを消し、剣の刃を逃れ」（三三〜三四節）、命を守られた者がいました。彼らは奇跡的な救いを体験しました。他方、信仰があっても、「石で打たれ、のこぎりで引かれ、剣で切り殺され」た信仰者がいました。本書は、この世にあって救われる場合と殺される場合があることを、はっきりと語ります。またこの世では、生きづらい生活を強いられる信仰者がいました。「嘲られ、むちで打たれ、さらに鎖につながれて牢に入れられる経験をし……羊ややぎの皮を着て歩き回り、困窮し、圧迫され、虐待され……荒野、山、洞穴、地の穴をさまよいました」。厳しい迫害にさらされ、食べるに事欠き、普通の服がなく、安心して身を横たえることのできる家を持つこともできませんでした。

助けてくださいと祈っても、祈りが聞かれない者が、なぜいるのでしょうか。死の危機から救われた神の民は、苦難のうちに死んだ神の民より、信仰がすばらしかったのでしょうか。そうではありません。どちらも神を信じており、信仰の優劣はありません。何がこの両者を分けたかについては、本書は沈黙しています。著者はこの差異にあまり関心がなかったのではと思われます。ところで旧約聖書完結後、殉教者の祝福を記す書物がありました。本書の読者は、このような書物にも触れていたことでしょう。信仰があっても苦しみ続けることなど馬鹿らしいと考える者はいなかったのでは、と想像します。信仰によって奇跡的な救いを体験するなら、感謝です。ハレルヤと神をほめたたえます。信仰のゆえに苦しみを受け、目に見える救いがなく息絶えたとしても、信仰を守り通す人生を歩むことができたのなら、それはそれで感謝です。ハレルヤと神をほめたたえます。「目に見えない方を見ているようにして、忍び通した」（一一・二七）モーセの信仰は、後者によって継承されています。

「この世は彼らにふさわしくありませんでした」とは、間違っていたのは世であって、彼らではなかった、ということです。この世が神の前で歪んでいるなら、神に真っ直ぐに生きようとする信仰者と必ず衝突します。ですから、信仰があるがゆえに、この世で生きづらさを感じることがあったとしても、それは特別なことではありません。旧約の民は、信仰によって数々の苦しみを耐え忍んできました。そうであるのなら、主イエスの救いにあずかる新約の民が救いを得るために苦難に遭遇しても、それは予期できる当然のことではないか、と本書は問いかけています。

「これらの人たちはみな、その信仰によって称賛されましたが、約束されたものを手に入れることはありませんでした」（三九節）。

三九節と四〇節は、一一章のまとめの言葉です。一一章は、「信仰によって称賛されました」（二、三九節）により、枠囲みされています。「昔の人たち」（二節）を受けて「これらの人たちはみな」とあります。「みな」と言及されているので、一一章に登場するすべての人だけでなく、旧約の信仰者たちすべてを含みます。信仰によってこの世にあって奇跡的な救いを体験した人も、信仰によって殺された人も、彼らはみな神に認められ、受け入れられていました。

同時に両者とも、「約束されたものを手に入れることはありませんでした」（三九節）。「約束されたもの」は、四〇節で「もっとすぐれたもの」と言い換えられています。一一章の文脈で理解すると、「堅い基礎の上に建てられた都」（一〇節）であり、「天の故郷」（一六節）です。旧約の信仰者は、このような堅固な土台を求めて信仰の旅を続けていたのですが、地上で生きている間、この堅固な都で安らぐことはできませんでした。待望している状態のままだったのです。

「神は私たちのために、もっとすぐれたものを用意しておられたので、私たちを抜きにして、彼らが完全な者とされることはなかったのです」（四〇節）。

「私たちのため」とは、ヘブル人の教会のことであり、新約のキリスト者です。「もっとすぐれたもの」と「完全な者」という言葉は、本書のキーワードです。多くは、主イエスが来て、完成してくださった新約の祝福を表す際に用いられます。旧約との対比において、新約の「希望」（七・一九）、「契約」（同二二節）、「約束」（八・六）、「いけにえ」（九・二三）は、もっとすぐれたものとして取り上げられていました。神は、私たち新約の民がそれを受けるように、あらかじめ備えていてくださいました。「私たちを抜きにして、彼らが完全な者とされることはなかったのです」は、分かりにくい言葉ですが、言い換えると、旧約の民が完全な者となるためには、私たち新約の民が必要だった、となります。先に召された旧約の民は、新約の民が主イエスの救いを喜ぶとき、天で同じように喜んでいます。旧約と新約の信仰者は、主イエスによって成し遂げられた完成に共にあずかる一つの神の民です。

＊　＊　＊

著者は、苦難の中にあるヘブル人の教会を励ますために、旧約の物語を引用しました。世界に目を向けると、今でも迫害は続いています。日本においても、信仰のゆえの苦しみは多々あります。旧約聖書のこれまでの読書体験において、信仰によって救われた人のことがより強く私の心に残っていました。信仰によって苦しみから救われることばかりを願ってきたのでは、と反省しました。奇跡的な救いを喜ぶ信仰と、苦難を耐え忍ぶ信仰とが、同じように私たちの前に置かれています。どちらの信仰の道を歩むかを、自分で選び取ることはできません。神が備えてくださいます。私たちは神の約束を信じ、生きづらい世を信仰によって生き抜き、最期まで神をほめたたえたい、と切に願います。

37　忍耐をもって完走する

〈ヘブル一二・一～三〉

「1こういうわけで、このように多くの証人たちが、雲のように私たちを取り巻いているのですから、私たちも、一切の重荷とまとわりつく罪を捨てて、自分の前に置かれている競走を、忍耐をもって走り続けようではありませんか。2信仰の創始者であり完成者であるイエスから、目を離さないでいなさい。この方は、ご自分の前に置かれた喜びのために、辱めをものともせずに十字架を忍び、神の御座の右に着座されたのです。3あなたがたは、罪人たちの、ご自分に対するこのような反抗を耐え忍ばれた方のことを考えなさい。あなたがたの心が元気を失い、疲れ果ててしまわないようにするためです。」

信仰生活が、陸上競技の比喩をもって、語り直されています（一節）。競技の種類まで聖書に記されていませんが、「疲れ果ててしまわないように」（三節）から類推して、マラソン競技が引き合いに出されることがあります。どのような競技であっても、出場するからには、「必要なのは、忍耐で」（一〇・三六）、事前の訓練により鍛えられていなければなりません

（一二・五〜一一）。また主イエスのことが、「十字架を忍び」（二節）、「反抗を耐え忍ばれた方」（三節）と紹介されています。著者は、この主「イエスから、目を離さないで」（二節）、ゴールを目指して「忍耐をもって走り続けようではありませんか」（一節）と、読者を励ましています。

「こういうわけで、このように多くの証人たちが、雲のように私たちを取り巻いているのですから、私たちも……競走を、忍耐をもって走り続けようではありませんか」（一節）。

「こういうわけで」は、強い接続詞です。一二章が一一章と密接につながっていることを表しています。「このように多くの証人たち」は、一一章に記されていた旧約の神の民のことです。「私たち」は強調形で、新約の神の民のことです。旧約の信仰者は、信仰の競技場を駆け抜けました。旧約の信仰者から信仰を受け継いで、新約の民である「私たちも」また競技に出場します。この文脈に着目すると、バトンやたすきをつなぐリレーや駅伝のような競技を連想してもよいかもしれません。また旧約の民は「証人」と呼ばれています。彼らは、信仰がいかなるものであるかを見事に証ししました。アブラハムやモーセ等は、私たち新約の民の模範です。

「私たちを取り巻いているのですから」を、時制に留意して読むと、面白い文学的なイマジネーションが湧き上がります。旧約の民は過去の証人であっただけではなく、ヘブル人の教会員を現在取り囲んでいます。旧約の民は新約の民にバトンを渡した後、競技場の見物席に移動して、新約の民の競技を応援しています。ですから私たちは、彼らの前で中途半端な走りをすることはできません。

また競技で走る心構えが、「一切の重荷とまとわりつく罪を捨てて」と表されています。陸上競技の選手は、体重が増えないように留意し、足に絡みつくような服を着ません。重荷と罪の具体的内容は何でしょうか。「聖さを追い求めなさい」（一四節）とあります。聖さは、「聖なる生活」とも訳されます（新共同訳）。普通の競技にも当てはまりますが、日常生活の乱れは信仰の競技の妨げになります。「まとわりつく罪」を脱ぎ捨てないと、容易に惑わされて、厄介な事態に巻き込まれ、競技に集中できなくなります。

「この方は、ご自分の前に置かれた喜びのために、辱めをものともせずに十字架を忍び、神の御座の右に着座されたのです」（二節）。

主イエスは、「多くの苦しみを通して完全な者とされた」「救いの創始者」（二・一〇）である、とすでに記されていました。主イエスは、ご自分の苦しみを通して救いに至る信仰の道を開いてくださった創始者であり、かつ、その道を歩む者をゴールにまで導いてくださる完成者です。「信仰の創始者であり完成者である」とは、信仰に関わることはすべて初めから終わりまで、主イエスにかかっているということです。私たちは、主イエスを信じることにより信仰の競技に参加し、主イエスを信じ続けることによりゴールに到達します。

引照付聖書の欄外注で、「喜びのために」の別訳として、喜びの「代わりに」が紹介されています。文法的にはどちらも可能です。「喜び」とは何かという理解が、訳語確定の決め手となります。主イエスの個人的な喜びであれば、主イエスは「喜びの代わりに」十字架の辱めを選ばれました。他方、本書全体から考えると、主イエスの喜びとは、「多くの子たちを栄光に導く」（二・一〇）、つまり神の子らを救う喜びです。すると、その「喜びのために」十字架に進まれたとなります。

十字架上で献げられたいけにえと血は、たびたび取り上げられてきました。ところが、十字架という言葉が本書に登場するのは、ここだけです。著者は、贖いのみわざではなく、辱めに着目して十字架に言及しています。原語では、「辱め」は「恥」をも意味します。ここでは、「イエス」という呼び名が用いられています。人としての痛みや苦しみを体験されたお方です。十字架刑は、極悪人のみが処せられる恥の極みです。ローマの市民権を持つ人には適用されません。主イエスは、神の御前で身代わりの裁きを受けてくださっただけでなく、十字架にさらされ、罵られ、嘲られ、それらの辱めをも忍んでくださいました。

「ものともせずに」とは、「一方を憎んで他方を愛することになるか、一方を重んじて他方を軽んじることになります」（マタイ六・二四）の「軽んじる」です。主イエスは、十字架によって成し遂げられる神の子らの救いの喜びと比較するなら、自らが被る辱めを小さな事柄として軽んじることができました。ですから、辱めの中にとどまり、十字架を忍ぶことができました。そのように低さを体験された主イエスは、高く挙げられ、「神の御座の右に着座され」、そして今も着座し続けておられます。

「あなたがたは、罪人たちの、ご自分に対するこのような反抗を耐え忍ばれた方のことを考えなさい」（三節）。

「考えなさい」は、ここだけに登場する特殊な言葉です。英語の「アナロジー」（類比する）の原語です。読者は、自分の姿と比較して主イエスのことを考えるように招かれています。「反抗」の原語のニュアンスは、「言葉を否定する」です。「耐え忍ばれた」の時制は、過去形で語られる十字架の場面だけでなく、神の右に着座された今も忍耐が続いていることを示しています。主イエスは、大祭司として天で今も罪人をとりなすために、「反抗を耐え忍」んでおられます。

著者がこのように「考えなさい」と勧めるのは、読者である「あなたがたの心が元気を失い、疲れ果ててしまわないようにするためです」。信仰的な元気を失い、疲れ果て、教会に通うのがしんどくなる原因を、著者は辱めや反抗に耐えられないなかに見ているように思われます。迫害による肉体的な苦しみに耐えることができる人でも、その忍耐強さはある種の称賛をも勝ち取ることができるのですが、人前で恥をかかされることには耐えられないかもしれません。

異教社会の中で、ときとしては教会の中で、恥ずかしい思いをさせられたり、自分の言うことが否定されたりすることがあります。それが続くと、「もういいや」と投げやりになり、疲れ果ててしまいます。信仰を脅かすものは、外的な迫害だけではありません。恥を受けとめられない自らのプライドの高さが、信仰の競技を走り抜く妨げになります。自分が語ったことが否定されるときに感じる嫌な気持ちを思い浮かべつつ、「罪人たちの、ご自分に対するこのような反抗を耐え忍ばれた方のことを考え」るとき、主イエスの忍耐強さが際立って浮かび上がります。主イエスは、辱めを受けることや反抗する者がいることを、些細なこととみなされました。このお方から目を離さず、自分と照らし合わせて、このお方のことを考えることが、信仰生活に疲れ果ててしまわない秘訣です。

＊　　＊　　＊

私たちは、ちょっとした恥をかいても、言ったことが受け入れられなくても、すぐに落ち込み、なぜここまで怒り続けるのかと情けなくなります。そのとき、主イエスのことを考えることで、心の中で大きくなり過ぎている負の思いを、小さいものとみなすように招かれます。主イエスは、十字架において罪人の反抗を耐えられただけでなく、主イエスに真心から従えない私たちの反抗を、今、天において大祭司として受けとめ、耐え、とりなしておられます。このお方には感謝しかありません。

著者は、忍耐を強いられる信仰の競技を走り抜くには、みことばの慰めと力づけがなければ、できないことをわきまえていました。それで、言葉を尽くして励まし、旧約の信仰者の実例を添えて、忍耐する具体的なイメージを喚起しています。さらに、辱めを語る箇所で初めて十字架という言葉を用い、恥辱にまみれた地上の歩みを忍ばれた主イエスの姿をくっきりと描きます。

忍耐する信仰のバトンは、旧約の民から主イエスに渡され、主イエスから初代教会に手渡され、今、私たちの手に握られています。主イエスは、私たちに救いを与えるという喜びのために、十字架の辱めを忍ばれました。私たちは、「信仰の創始者であり完成者であるイエスから、目を離さ」ず、主イエスから受ける救いの喜びのために、苦しいことがあっても忍耐し、辱めをも忍び、信仰の競技を完走します。

38　先を見据えての訓練

〈ヘブル一二・四～一三〉

「4あなたがたは、罪と戦って、まだ血を流すまで抵抗したことがありません。5そして、
あなたがたに向かって子どもたちに対するように語られた、この励ましのことばを忘れて
います。
『わが子よ、主の訓練を軽んじてはならない。
主に叱られて気落ちしてはならない。
6主はその愛する者を訓練し、
受け入れるすべての子に、
むちを加えられるのだから。』
7訓練として耐え忍びなさい。神はあなたがたを子として扱っておられるのです。父が訓
練しない子がいるでしょうか。8もしあなたがたが、すべての子が受けている訓練を受け
ていないとしたら、私生児であって、本当の子ではありません。9さらに、私たちには肉
の父がいて、私たちを訓練しましたが、私たちはその父たちを尊敬していました。それな

ら、なおのこと、私たちは霊の父に服従して生きるべきではないでしょうか。10肉の父は
わずかの間、自分が良いと思うことにしたがって私たちを訓練しましたが、霊の父は私た
ちの益のために、私たちをご自分の聖さにあずからせようとして訓練されるのです。11す
べての訓練は、そのときは喜ばしいものではなく、かえって苦しく思われるものですが、
後になると、これによって鍛えられた人々に、義という平安の実を結ばせます。
12ですから、弱った手と衰えた膝をまっすぐにしなさい。13また、あなたがたは自分の
足のために、まっすぐな道を作りなさい。足の不自由な人が踏み外すことなく、むしろ癒
やされるためです。」

五節と六節は箴言の引用です（三・一一～一二）。本題に入る前に、少し煩瑣《はんさ》ですが、訳語の説明が必要です。箴言のキーワードである「訓戒」（同一・二、三、七、八）が、三章一一節では「懲らしめ」と訳されています。「叱責」と合わせて用いられることがあります（同三・一一、五・一二、六・二三、一〇・一七、一二・一、一五・三二）。新共同訳では、「訓戒」は「諭し」、「叱責」は「懲らしめ」と訳されています。「懲らしめ」、「訓戒」、「諭し」、「叱責」と使い分けられていても、内実はほぼ同じです。本書では、「訓戒」が「訓練」となっています。ギリシア語訳の箴言と本書では、訓練に教育という意味をも担う言葉をあてています。また「鍛えられた」（一一節）という言葉は、後日、「学校」という意味を獲得しまし

た。

「むちを加えられる」（六節）は、ギリシア語訳の箴言（三・一二）にある言葉で、皆様の聖書には記されていません。むち打ちは、訓戒の一部とみなされています。「むちを控える者は自分の子を憎む者」（箴言一三・二四）とあり、むち打ちは「愚かさ」や「よみ」から子どもを救い出す行為です（同二二・一五、二三・一四）。「懲らしめ」は、制裁を加え、懲りるようにし、二度としない決心をさせることですから、そのためのむちの使用は、古代イスラエルで許容されていました。

今日むち打ちなどしようものなら、大変なことになります。体罰を課す教育は、スポーツの現場においても一切認められていません。その意味では時代錯誤のメッセージです。ですが、普遍的なメッセージが語られています。訓練・教育の必要性です。親や教師が訓練するように、主なる神が神の民を訓練し、教育されます。「主の訓練を軽んじてはな」りません（五節）。信仰者は、いつになっても、主の教育にあずかる者です。聖書の学校に卒業はありません。


「あなたがたは、罪と戦って、まだ血を流すまで抵抗したことがありません。……この励ましのことばを忘れています」（四～五節a）。

罪と戦って血を流すという表現にはインパクトがあります。これまでも様々な解釈がなされてきました。文脈を重視してみことばの真意を探ります。古代のギリシア語写本には段落はありません。すべての段落は解釈の産物です。最近の邦訳聖書は三節と四節との間で段落分けがなされています。文語訳聖書には、ここに段落はありません。英訳聖書の中には、二節と三節の間に段落の区切りが入っているものがあります。今日は、一節からの続きとして四節を読みます。

著者は読者に、主イエスと自分とを照らし合わせて、よく考えるようにと求めています（三節）。四節の罪との戦いは、三節の「罪人たちの、ご自分に対するこのような反抗を耐え忍ばれた」主イエスと対比されています。著者は、あなたがたは苦しんでいるのだが、主イエスと比べるならば、「罪と戦って、まだ血を流すまで抵抗したことがありません」と指摘します。この流れで読むと、四節は信者の内面的な罪との戦いというよりも、教会を迫害する者たちとの戦いとなります。

読者の苦しみは、主イエスの御苦しみとは比較になりません。それなのに、読者の教会は、もう「疲れ果てて」います（三節）。原語では、「気落ちして」（五節）と同じ言葉です。本書ではこの二か所にだけ登場します。著者は、彼らが疲れ果ててしまわないように、訓練の重要さを説く箴言を引用します。「あなたがたに向かって子どもたちに対するように語られた、この励ましのことばを忘れています」と。

『わが子よ、主の訓練を軽んじてはならない。……』……すべての子が受けている訓練を受けていないとしたら、私生児であって、本当の子ではありません」（五b～八節）。

主なる神は、神の民を「わが子よ」と呼ばれます。父親がかわいいわが子を諭し、懲らしめ、訓練するように、そのように、「主はその愛する者を訓練」されます。「叱られて」、「むちを加えられる」ような苦しいことや痛いことがあっても、「訓練として耐え忍びなさい」と勧められています。それは、「神はあなたがたを子として扱っておられる」からです。当時の社会において、家督を継ぐ実子と、正妻の子どもではない私生児の区別がありました。父親は家を守るために、実子には厳しい訓練を施します。他方、家を継がない私生児の教育には手を抜いていました。ですから、実子の「すべての子が受けている訓練を受けていないとしたら、私生児であって、本当の子ではありません」と言われています。神による厳しい訓練は、自分が本当に神の実子であることを確認できる契機となります。神がキリスト者を厳しく訓練されるのは、キリスト者が神の「愛する者」であるからにほかなりません。キリスト者になってもなぜ苦しみがあるのか、という問いへの一つの答えがここにあります。

「それなら、なおのこと、私たちは霊の父に服従して生きるべきではないでしょうか。……私たちをご自分の聖さにあずからせようとして訓練され……義という平安の実を結ばせます」（九～一一節）。

肉の父は、子どもの将来を見越して、自分の判断で良かれと思って訓練します。それが実際に良い結果をもたらすかは、定かではありません。他方、霊の父である神の訓練は、必ず子どもに益をもたらします。子どもは、訓練してくれる肉の父を尊敬します。「それなら、なおのこと」、キリスト者は、感謝をもって神の訓練を受けとめ、霊の父である神に完全な服従をささげ、永遠のいのちに至る人生を歩みます。

霊の父が与えてくださる益は、二つです。神の聖さにあずかります。「神は人をご自身のかたちとして創造され」（創世一・二七）ましたが、人は神に逆らい堕落しました。神の訓練を通して、人の内に宿る神のかたちが回復され、神のご性質である聖さが人に与えられます。人にとっては最高の栄誉であり、大いなる喜びです。もう一つは、義という平和に満ちた実を結ぶことです。神のみこころにかなった生活を行い、神と人に対して平和の関係を築きます。神から受ける訓練は、「そのときは喜ばしいものではなく、かえって苦しく思われるものですが、後になると」、途方もない益をもたらします。何のためになされている訓練であるかをわきまえる者は、決して「主の訓練を軽んじ」（五節）ません。

「ですから、弱った手と衰えた膝をまっすぐにしなさい。また、あなたがたは自分の足のために、まっすぐな道を作りなさい」（一二〜一三節）。

多くの注解書は、「弱った手」という背後にボクシングの光景を読み取っています。だらっと伸びている手では、戦うことができません。ファイティングポーズを取り、萎えた膝をまっすぐにして（原語では、上に向かってのまっすぐ）、天の都へと至る道を駆け上れ、と勧められています。避けてはならない苦しみをも避けようとして、安易な道を探し、あっちに行き、こっちに迂回し、右往左往していては、道は曲がりくねるばかりです。苦しい道であっても、神の訓練をしっかり受けとめようという心構えがあってこそ、私たちの道はまっすぐになります。

一二節は、「弱った手を強め、よろめく膝をしっかりさせよ。……『神は来て、あなたがたを救われる』」（イザヤ三五・三〜四）の間接引用です。この後に続く「そのとき、目の見えない者の目は開かれ」（同五節）は、救い主イエスのお働きとして引用されます（ルカ七・二二）。著者はここで、主イエスが行ってくださるみわざを想起しています。また一三節の「道」はここにしか登場しない言葉です。車輪が走ってできる轍《わだち》を連想させます。このニュアンスを活かすと、「自分の足のために」というより「自分の足で」踏み固めて、まっすぐな道を作るとなります。その道は、「足の不自由な人が踏み外すことなく」進めるためのものです。

教会が作る道は、教会の中にいる足の不自由な人と一緒に歩むことを想定しています。様々な弱さを抱えた人が教会生活につまずいたり、離れたりしないように、教会の進むべき道をまっすぐに整備することが必要です。

＊　＊　＊

この世には、戦争をはじめ、悪が顕現しただけのような苦しみがあります。どのような理由があっても、意図的に人に苦しみを与えることをしてはなりません。他方、苦しみの受けとめ方に信仰が表れるのは確かです。ヨブのように神に向かって問いかけることもあるでしょう。信仰のゆえに耐えるしかない迫害もあるでしょう。病気であったとしても、信仰は苦しみの中で練られます。神の訓練は、当面は「喜ばしいものではなく」とも、神の「聖さにあずか」り、「義という平安の実を結ばせます」。私たちは、神の愛を疑わずに、霊的成長を楽しみにし、神の「先を見据えての訓練」と向き合います。

39　一杯の食事の過ち

〈ヘブル一二・一四～一七〉

「14すべての人との平和を追い求め、また、聖さを追い求めなさい。聖さがなければ、だれも主を見ることができません。15だれも神の恵みから落ちないように、また、苦い根が生え出て悩ませたり、これによって多くの人が汚されたりしないように、気をつけなさい。16また、だれも、一杯の食物と引き替えに自分の長子の権利を売ったエサウのように、淫らな者、俗悪な者にならないようにしなさい。17あなたがたが知っているとおり、彼は後になって祝福を受け継ぎたいと思ったのですが、退けられました。涙を流して求めても、彼には悔い改めの機会が残っていませんでした。」

本日の箇所は、一二節からの続きとして読むことができます。まっすぐな道を作り、足の不自由な人がその道を歩きつつ癒やされ、皆と一緒に信仰の道を進むことができる。なんとすばらしい光景でしょうか。信仰的に元気な人が駆け出し、弱い人が取り残され、気づいてみたら、彼らが道を外れていた。そのようなことは、決してあってはなりません。信仰共同体として共に生きるうえでの留意点が、一四節以降に記されています。

「すべての人との平和を追い求め、また聖さを追い求めなさい」（一四節）。

邦訳聖書に差異はありませんが、文法的には別の訳し方があります。「すべての人との平和を追い求め」を、「平和と聖さとをすべての人とともに追い求め」と読みます。パウロも同様なことを語っています（参照Ⅱテモテ二・二二）。すべての人はヘブル人の教会員です。会員みなで平和と聖さを求める教会となることを、著者は願っています。信仰生活は、ひとりで何かを追い求めるのではありません。会員みなで追い求めるべき事柄を皆が心を合わせて取り組むときに、教会生活は充実します。

教会に平和があるのは、当たり前のことではありません。皆が熱心に祈り求めるからこそ、平和の関係が信徒の間に築かれます。求めるべきもう一つは、聖さです。主イエスは、十字架により罪を赦し、罪深い私たちをきよい者として取り分け、聖別してくださいました。聖さを求めるとは、神のものとされていることを自覚し、感謝し、神との交わりをさらに豊かにすることです。「聖さがなければ、だれも主を見ることができません」ので、聖さを求めます。主イエスが獲得してくださった聖さのゆえに、今、私たちは神に近づくことが許されており、さらに終末の完成の際、顔と顔を合わせて神を見る祝福にあずかります。

また、平和を求めることと聖さを求めることとは、切り離すことができません。会員がみな、神との交わりを豊かにしたいと聖さを追い求めるなかで、教会に平和が宿ります。

「だれも……落ちないように……気をつけなさい。また、だれも……淫らな者、俗悪な者にならないようにしなさい」（一五〜一六節）。

原文では、一四節から一六節まで一つの文章です。主文は、「平和と聖さを追い求める」です。その際、特に気をつけるべきことが列挙されています。「だれも……だれも」とありますが、直訳すると、ある人が「神の恵みから落ちないように」、ある「苦い根が生え出」ないように、ある人が「俗悪な者にならないように」、と「ある」が三回繰り返されています。「ある」だれかの過ちは、その人個人に災いをもたらすだけではすみません。群れ全体にダメージを与えます。また「気をつけなさい」は、「監視する」、「調べる」という強い言葉です。指摘されている三つのことが生じていては、教会として皆で心を合わせて、平和と聖さを追求することはできません。

一つ目は、「神の恵みから落ちない」ことです。「落ちる」は意訳で、神の恵みの中にとどまっていない状態を表しています。落ちた人には、神の恵みは届きません。信仰をあたかも自分の力で守れるかのごとくに錯覚すると、神の恵みを求めなくなり、神の恵みから落ちてしまいます。すると、落ちたことにも気づかないという悲惨さが待っています。そうならないように、神の恵みを求め続けることの大切さが示されています。

二つ目は、苦い根が現れることとです。「あなたがたのうちに、毒草や苦よもぎを生じる根があってはならない」（申命二九・一八）の間接引用です。申命記の文脈では、偶像礼拝に陥ることを表しています。信仰的な恵みが枯渇するとき、目に見える力や繁栄ばかりを見つめ、魅了されます。そして、まことの神信仰を失うだけでなく、偶像の偽りの信仰にも手を伸ばします。そのとき、神の裁きの言葉を聞いても、「『私は……大丈夫だ』と言うなら、潤った者も渇いた者も等しく滅び」（同一九節）ます。一本の「苦い根が生え出て」も、「多くの人が汚され」ます。そうなる前に、教会にはびこる偶像礼拝の根は、たとえ一本であっても、初期の段階で対応しなければなりません。「まず神の国と神の義を求めなさい」（マタイ六・三三）という価値観の確立が、何よりも重要です。それが揺らぎ、神ではなく自分の欲望に仕えることとは、偶像礼拝に匹敵します。

三つ目が、エサウを引き合いに出して、一番丁寧に取り上げられています。まず創世記の物語を押さえておきましょう（創世二五・二九〜三四）。エサウは、長子の権利を持つ者が神の契約の祝福を受け継ぐことを知っていたはずです。それなのに、「長子の権利など、私にとって何になろう」と語り、「長子の権利を侮」りました。エサウは、パンとレンズ豆の「一杯の食物と引き替えに」、「自分の長子の権利を」弟のヤコブに譲りました。

エサウにとっては、永遠の祝福である神の契約はパンとレンズ豆の煮物と交換可能な程度のものでしかありませんでした。エサウは、目の前の豆の煮物しか見ていません。腹の満たしになることだけを考えていました。モーセは、「与えられる報いから目を離さ」ず、「キリストのゆえに受ける辱めを、エジプトの宝にまさる大きな富と考え」(ヘブル一一・二六)、霊的な祝福の豊かさのゆえに、物質的な豊かさの象徴であるエジプトの宝を価値なきものとみなしました。モーセと比較すると、エサウが「俗悪な者」であるのは明らかです。

「淫らな者」としてのエサウの姿は、創世記からはうかがい知ることができません。この言葉は、男色をするとか、娼婦を買うとかの特別な用語です。「淫らな者」は、性的な快楽を得るためにお金を払います。エサウは、腹を満たすという肉的な快楽を得るために、長子の権利という代価を支払いました。この行為の類似性のゆえに、「淫らな者」と呼ばれているのではと思われます。

「涙を流して求めても、彼には悔い改めの機会が残っていませんでした」(一七節)。

わずか「一杯の食事の過ち」が、エサウの人生全体を壊しました。後日、契約の祝福を「涙を流して求めても」、時すでに遅しでした。悔い改める機会さえ与えられない悲惨さが、彼の人生を覆いました。エサウは物質的には恵まれましたが、契約の霊的な祝福を受ける機会はエサウから永遠に「退けられました」。エサウは、自分が契約の祝福を受けるにふさわしくない者であることを証明したのです。著者がエサウへの裁きの厳しさを強調するのは、エサウの過ちの深刻さを読者に気づかせるためです。たかが一杯の食事のことではないかと、また唆《そそのか》されたエサウよりも唆したヤコブの狡猾さのほうが問題ではないかなどといって、この箇所を軽く流すことはできません。この記述により、エサウの過ちがあなたがたの間にも入り込んで来ていないか、と著者は問いかけています。

私たちは、本日のみことばにより、自己点検しなければなりません。あえて言えば、わずかスプーン一杯ほどの喜びを得るために、後先を考えずに霊的な祝福を手放してしまう誘惑に、私たちは日々さらされています。やがて成就する神の約束の喜びより、空腹を即座に満たす喜びにすぐに飛びついてしまう俗悪さが、私たちに巣食っています。仮に大金を手にしたとしても、様々な心地よさを満たすことばかりに財を用いると、私たちの金銭感覚はすぐに麻痺します。私たちは、往々にして、エサウのような淫らさを気づかれないように隠し持っています。みことばの光は、心の奥深くまで届き、私たちの罪深い姿をあばきます。心を探られ、醜さを突きつけられるからこそ、私たちは主のあわれみと恵みとを切に追い求めます。

＊　　＊　　＊

一一章では、信仰的な苦難に忍耐をもって立ち向かった旧約の信仰者が紹介されていました。一二章の前半は、十字架の辱めに耐えた主イエスを取り上げ、苦しみを神による訓練として信仰によって受けとめるように励ましました（一～一一節）。本日の箇所は、忍耐や迫害を扱っていません。取り上げられているのは、恵みを求めない高慢さと、雑草のようにすぐに伸びる偶像礼拝の苦い根と、生活から滲《にじ》み出る不品行な俗悪さです。教会への攻撃は、外部から迫って来るばかりではありません。内部の霊的な汚れは、きよい教会を悩ませ、信徒の交わりを傷つけます。すると、信仰的な弱さを抱えた人は教会にとどまれなくなります。自分一人ぐらいなら何をしても分からないだろうし、これぐらいは大丈夫だろうという悪しき思いが積み重なると、必ず露見し、群れ全体を苦しめます。ですから、互いに注意し合うことが必要です。私たちは、ひたすらに主イエスの恵みに拠り頼み、皆で心を合わせ、平和と聖さを追い求めます。

40　天上のエルサレムに足場を据えて

〈ヘブル一二・一八～二四〉

「18あなたがたが近づいているのは、手でさわれるもの、燃える火、黒雲、暗闇、嵐、19ラ
ッパの響き、ことばのとどろきではありません。そのことばのとどろきを聞いた者たちは、
それ以上一言も自分たちに語らないでくださいと懇願しました。20彼らは、『たとえ獣で
も、山に触れるものは石で打ち殺されなければならない』という命令に耐えることができ
ませんでした。21また、その光景があまりに恐ろしかったので、モーセは『私は怖くて震
える』と言いました。22しかし、あなたがたが近づいているのは、シオンの山、生ける神
の都である天上のエルサレム、無数の御使いたちの喜びの集い、23天に登録されている長
子たちの教会、すべての人のさばき主である神、完全な者とされた義人たちの霊、24さら
に、新しい契約の仲介者イエス、それに、アベルの血よりもすぐれたことを語る、注ぎか
けられたイエスの血です。」

先週は、二人の教会員の埋骨式を行いました。お二人とも彫名はだいぶ前に済んでいまし

たが、新型コロナ感染防止やご遺族の体調への配慮があり、埋骨が先延ばしになっていました。舞子墓園には、多くの方が埋骨されています。大勢の名前が彫名板に記されています。その前に立つと、懐かしい方々の思い出が瞬時に湧き上がってきます。地上において礼拝生活を全うした方々は、天の都の市民名簿にも名前が記されています。

初めに本日の箇所の構造を説明します。一八節から二一節の前半と二二節から二四節の後半は、綺麗に対になっています。あなたがたは、身震いするほど恐ろしい場所に「近づいている」（一八節）のではなく、そうではなくて、天の祝福の場所に「近づいている」（二二節）のだ、と対比されています。「近づく」と訳されている言葉は、「大胆に恵みの御座に近づこう」（四・一六）のように礼拝行為を表します。ただこの箇所の「近づく」は要注意です。「近づいている」（一二・一八）という訳語には、まだ到着していないというニュアンスが含まれています。しかし原文の時制は、すでに到着していることを表しています。英訳はほぼすべてそうなっています。あなたがたが頑張って到達したのは、恐ろしい場所ではなく、喜びの場所だ、と言い換えることができます。

「あなたがたが近づいているのは、手でさわれるもの、燃える火、黒雲、暗闇、嵐、ラッパの響き、ことばのとどろきではありません。……」（一八〜二一節）。

この箇所の「燃える火、黒雲、暗闇、嵐、ラッパの響き」等は、十戒が与えられる場面で用いられている表現です（出エジプト一九・一〇〜一九）。ところが、注意深く読むと、興味深いことが分かります。後半には「シオンの山」（ヘブル一二・二二）という記述がありますが、前半にはシナイ山とは記されていません。何よりも、十戒の授与には全く言及されていません。自然現象を伴う神の顕現に際し、イスラエルの民は動揺しましたが、モーセは「恐れることはありません」（出エジプト二〇・二〇）と民を鎮めました。「私は怖くて震える」（ヘブル一二・二一）というモーセの言葉は、ここで語られたものではありません。連想できるとすれば、イスラエルの民が金の子牛礼拝をし、神が怒られた場面です。「その怒りと憤りが、私には怖かったからであった」（申命九・一九）と記されています。ですので、出エジプト記一九章を引用する著者の狙いは、旧約の律法と新約の福音を対比させることではありません。

庭を造るとき、庭の外にある遠い山や木々を、庭の一部であるかのように用いることがあります。著者は、出エジプト記の記述を借景として、罪人が神に近づくことがいかに恐ろしいことなのかという自分のメッセージを浮き立たせています。きよい山に動物が触れるだけでも、動物は「石で殺されなければ」なりません（出エジプト一九・一二〜一三）。況《いわ》んや、人間をや、罪人をや、です。触れるという触覚、焼き尽くす火の熱さの皮膚感覚、真っ暗闇で何も見えない視覚、聞き続けることができない聴覚において、罪人は威圧され、きよい神に近づくことができません。このような「あまりに恐ろしし」い光景を描いた後で、「しかし、あなたがたが近づいているのは」（二二節）ここではない、と新たに語り出します。

「シオンの山、生ける神の都である天上のエルサレム、無数の御使いたちの喜びの集い」（二二節）。

エルサレムは都であり、シオンの山にあります。同じことが言葉を変えて表されています。地上のエルサレムには、神が臨在する神殿があります。「天上の」という言葉は、エルサレムだけでなく、シオンの山にもかかっています。天では幾万とも言える無数の御使いたちが「喜びの集い」、つまり礼拝を行っています。地上の神顕現とは比べものにならないほどの豊かさと確かさを伴って、生ける神の威光が天上の都を満たしています。神は、地上においても天においても、ひとりで孤独におられるのではありません。生ける神が臨在しておられるのは都です。神を礼拝する民が集う都の中で、つまり神の民の中に臨在しておられます。

キリスト者は、「いつまでも続く都をこの地上に持っているのではなく、むしろ来たるべき都を求めて」（一三・一四）います。時間的に考えるなら、天上の都はまだ到来していません。終末において到来する新しいエルサレムの都を、私たちは探し求め待ち望んでいます。他方、本書は、私たちはそこに到達している、と語ります。垂直的な仕方で空間的に考えると、地上の礼拝は天上の礼拝と結び合わされています。本書によれば、まだ到来していない天上のエルサレムにもうすでにたどり着いた、と私たちは主日礼拝のたびに天を仰ぎつつ語り得るのです。

「天に登録されている長子たちの教会、すべての人のさばき主である神、完全な者とされた義人たちの霊」（二三節）。

「完全な者とされた義人たちの霊」とは、完全にされてしまった人のことです。キリスト以前の旧約の民とキリストが来られた後に死んだ新約の民のことです。彼らは、主イエスの贖いにより完全にきよめられ、神の御前で義とされています。一一章に記された旧約の信仰の偉人だけでなく、身近な信仰の先達にも思いを馳せることは、私たちにとって大きな励ましとなります。「指導者たちのことを、覚え……その信仰に倣」（一三・七）うことができる神の民は幸いです。

「天に登録されている長子たちの教会」の長子たちとは、神の民と同じ意味です。旧約の民も今生きている地上の信仰者もすべてが含まれます。もちろん、本書の読者も含まれています。さらに本日、神港教会に集って礼拝している私たちもここに含めてよいでしょう。地上で礼拝している私たちキリスト者は、地上の教会に籍があるだけでなく、すでに名前が天に登録されています。仮に地域の交わりから疎外されることがあったとしても、私たちの本当の帰属は天にあります。これを奪うことができる者はだれもいません。

礼拝を受けておられる神は、実は裁き主であり、すべての者の神です。私たちは、すべての者の中から選び出され、審判者を礼拝する神の民とされています。「さばき主である神」が、「長子たちの教会」と「義人たちの霊」の間に、つまり、「シオンの山」（二二節）から「イエスの血」（二四節）までの後半部分の真ん中に置かれています。天上のエルサレムの都の中心に、裁き主なる神がおられます。この厳粛さを受けとめて、二四節が続きます。

「さらに、新しい契約の仲介者イエス、それに、アベルの血よりもすぐれたことを語る、注ぎかけられたイエスの血です」（二四節）。

自らの罪を思うと、軽々しく審判者に近づくことはできません。裁き主の前ではすべては明らかであり、罪人にとって裁き主なる神に近づくことは、恐れでしかありません。しかし、天において審判者なる神の右に「新しい契約の仲介者イエス」がおられます。主イエスは、地上において十字架で贖いの血を流されました。十字架から叫ぶ主イエスの血と、地面から叫ぶアベルの血が対比されています。アベルが語ったことは、血の報復だけではなかった可能性があります（一一・四の解説参照）。血の報復か罪の赦しかという二者択一ではなく、仮にアベルが罪人への神のあわれみを語っていたとしても、主イエスが語る神のあわれみはそれ以上です。「父よ、彼らをお赦しください」（ルカ二三・三四）という叫びは、確かに、アベルの叫び以上に神の耳に届いています。裁き主なる神が新しい契約の仲介者イエスの贖いと叫びを受けとめてくださったことに、私たちの罪が赦されている根拠があります。

＊　　＊　　＊

前半で、仲介者・主イエスなしで神に近づくことの恐ろしさが、後半で、主イエスの仲介を通して裁き主なる神に近づくことができる祝福が記されています。読者の教会に、神の裁きを恐れて、神に近づけなくなっていた者がいたのでは、と思われます。ですから著者は語ります。あなたがたは、もうすでに仲介者・主イエスに到達している、と。私たちは、仲介者・主イエスに手を握っていただき、神の御前に立ちます。新しい契約の民である私たちは、恐れを抱かせる地上のシナイ山ではなく、天上のシオンの山に立っています。近寄り難い神ではなく、罪ある者であっても、主イエスにあって近づくことができる神を礼拝しています。私たちは、天のエルサレムの都で礼拝している完全にきよめられた兄弟姉妹とともに、御使いたちが舞う華やかな礼拝に連なることが許されています。「天上のエルサレムに足場を据えて」、試練に満ちた地上での礼拝生活を全うします。

41　重みのある言葉

〈ヘブル一二・二五～二九〉

「25 あなたがたは、語っておられる方を拒まないように気をつけなさい。地上において、
警告を与える方を拒んだ彼らが処罰を免れなかったとすれば、まして、天から警告を与え
る方に私たちが背を向けるなら、なおのこと処罰を免れられません。26 あのときは御声が
地を揺り動かしましたが、今は、こう約束しておられます。
『もう一度、わたしは、地だけではなく
　天も揺り動かす。』
27 この『もう一度』ということばは、揺り動かされないものが残るために、揺り動かされ
るもの、すなわち造られたものが取り除かれることを示しています。28 このように揺り動
かされない御国を受けるのですから、私たちは感謝しようではありませんか。感謝しつつ、
敬虔と恐れをもって、神に喜ばれる礼拝をささげようではありませんか。29 私たちの神は
焼き尽くす火なのです。」

重みのある言葉は、借り物ではなく存在をかけて語られ、語られると必ず実行されます。他方、軽い言葉は、言っていることがコロコロと変わり、取り繕って自己弁護に終始したり、人を操ろうとして語られたり、語りっぱなしで終わる放言です。日々の生活で軽い言葉ばかりを聞かされると、何か虚しくなります。たとえ厳しい言葉であったとしても、真実の重みのある言葉が人生に確かさを与え、心を豊かにします。

「あなたがたは、語っておられる方を拒まないように気をつけなさい」（二五節）。

二五節は、「新しい契約の仲介者イエス……すぐれたことを語る」（二四節）を受けて、「語っておられる方を拒まないように」と勧めます。ここでは、「地上において、警告を与える方」と「天から警告を与える方」とが対比されています。前者はモーセで、後者は天上の主イエスです。イスラエルの民は、モーセが告げる神のことばを拒み、四十年間荒野をさ迷いました。モーセの言葉を拒んで裁きを受けたのなら、まして天から語る主イエスのことばに背を向けるなら、どのような裁きが待っているでしょうか。「なおのこと処罰を免れられません」。

「警告」は少し強めの翻訳で、「御旨《みむね》」と訳す邦訳聖書もあります。神は、昔はモーセを通して地上で、今は復活の主イエスにおいて天から、ご自分の民に向かって語り、教え、戒め続けておられます。いつの時代も、その語りかけをどのように聞くかが問われています。

「私たちが背を向けるなら」とあります。「私たち」には、著者と読者が含まれています。ヘブル人のキリスト教会のことです。天上の主イエスからの語りかけを聞いているのが私たちである、と原文では強調されています。礼拝の現場を想起するとよいでしょう。礼拝で語られる言葉は、実は、復活の主イエスが天から語りかけてくださることばです。私たちは、天からの語りかけを一緒に聴く礼拝共同体です。聞き流して済むことばではありません。一言一言、言葉の重みを嚙みしめながら聴くことばです。主イエスが天から真剣に語られるとき、私たちキリスト教会はこの地にあって真剣に耳を傾けます。

「もう一度、わたしは、地だけではなく天も揺り動かす。……」（二六〜二七節）。

繰り返し登場する「揺り動かす」は、ハガイ書の引用です（二・六、二一）。紀元前五二〇年のエルサレム神殿再興の際に語られた言葉です。神は、天地を揺り動かし、諸国民を裁き、地上の力ある者を打ち砕いてくださいます。天地を揺り動かすとは、これまでの秩序が打破されることです。そして、神の新しい支配が到来します。それも神の裁きを通してもたらされます。

また「あのときは御声が地を揺り動かしました」の背後には、出エジプト記の物語があります。かつて神がシナイ山に降られたとき、「山全体が激しく震えた。……神は声を出して」（出エジプト一九・一八〜一九）と記されています。「ことばのとどろきを聞」く（ヘブル一二・一九）怖さは、出エジプト記の間接引用です（出エジプト二〇・一九）。

出エジプト記の「あのときは」との対比で語られている「今は」とは、本書が記されている新約時代の今です。著者は、ハガイ書の引用を天上の主イエスのことばとして語り直しています。主イエスが語られる「もう一度」は、主イエスの再臨を表します。主イエスが再臨されるとき、「あのとき」のように地が震えるだけでなく、天も揺れ動きます。天地のすべてに全く新しい神の秩序が打ち立てられます。「今は、こう約束しておられます」とあるとおり、主イエスが、天上から地上で礼拝している者たちに再臨の約束をお語りくださっています。

神の終末の裁きは、「揺り動かされ」て消え去るものと、永遠に「残る」「揺り動かされないもの」を峻別します。創造主である神と被造世界との対比が鮮明になり、神に背を向ける「造られたものが取り除かれ」ます。私たちは終末を待ちつつ、過ぎ去るものは何か、永遠に残るものは何かと問い続けています。初代教会の信仰者はみな、この信仰的な視座を持っていました。パウロは語ります。「この世の有様は過ぎ去るからです」（Ｉコリント七・三一）と。だから、この世のことに没頭せず、神に仕えようと勧めます。ペテロは語ります。「天は燃え崩れ、天の万象は焼け溶けてしまいます。しかし私たちは……新しい天と新しい地を待ち望んでいます」（Ⅱペテロ三・一二～一三）と。

「このように揺り動かされない御国を受けるのですから……感謝しつつ、敬虔と恐れをもって、神に喜ばれる礼拝をささげようではありませんか」（一二八節）。

滅び行く肉体を身にまとう私たちは、過ぎ去るものだけを見ていると、虚無的になってしまいます。他方、過ぎ去るものを永遠に続くと思い込むと、目の前のものにしがみつきます。しかし信仰者は「このように揺り動かされない御国を受けるのですから、私たちは感謝しようではありませんか」と、著者は読者に呼びかけます。終末の時、神の御国は神の裁きの中でも揺るぎなく立ち続け、神の支配が御国において隅々にまで貫徹されます。私たちは、約束の成就として御国の到来を待ち続けています。主の祈りで「御国が来ますように」と、いつも祈っています。

ところが、本書の「御国を受けるのですから」は、未来形ではなく現在形で記されています。直訳すると、「今、受けている」です。私たちは罪深い者ですが、新しい契約の仲介者・主イエスに結ばれています。新しい契約に生きるキリスト者は、今もうすでに、いつまでも永遠に残る神の支配の中に移し変えられています。御国は自分で獲得するものではありません。御国は、主イエスを信じる者に一方的に与えられる恵みです。私たちが受け取る前に、神の与えるという行為が先行しています。私たちは受け取るだけです。主イエスを信じる者は、今もうすでに御国を受けているのですから、御国を死後に行く所と思い、御国に入れるか否かについて悩む必要はありません。

ですから著者は、「感謝しよう」と促します。感謝しても、感謝し尽くせません。この感謝から、礼拝の生活が立ち上がります。神を敬う敬虔さときよい神への畏敬の念をもって、「神に喜ばれる礼拝をささげ」ます。「礼拝をささげよう」は、「仕えていこう」（新共同訳）、また「奉仕をする」（一九七〇年版新改訳）となっています。主日礼拝だけが礼拝ではありません。礼拝の生活は、神に喜ばれるように奉仕する生活です。生活のすべてが神礼拝です。生活の中で具体的にいかに仕えるのかが一三章で展開されます。

「私たちの神は焼き尽くす火なのです」（二九節）。

二九節が、本日の箇所の最後にどうして置かれたかを、説教準備中いろいろ考えました。この言葉は、申命記（四・二一～二四）からの引用です。モーセですら、神の怒りにより、約束の地に入ることはできませんでした。神は、裁くお方です。モーセは、「**主**の命令に背いて、いかなる形の彫像も造ることがないように」と語り、「あなたの神、**主**は焼き尽くす火、ねたみの神である」と告げました（同二三～二四節）。神の民が神との関係をないがしろにすると、神は悲しまれます。「ねたみの神」とありますが、「熱情の神」と訳している邦訳聖書があります。神の民が神から離れ、偶像と結びつき、神の愛が偶像礼拝によって裏切られるとき、神はねたみ、熱情をたぎらせ、裁かれます。「焼き尽くす火」とは、裁きの火です。著者は、申命記の「あなたの神」を「私たちの神」と言い換えます。申命記に記されている神と「私たちの神」は全く同じ神です。ですから、かの日にイスラエルの民に怒りを下された神は、神に「私たちが背を向けるなら」（二五節）、黙って見過ごされることは決してありません。二五節からの論説が、見事に二九節で締め括られています。

＊　　＊　　＊

神が裁かれるのは、神から離れやすい私たちをみもとに引き寄せるためです。厳しい裁きを受けたとしても、私たちを愛してやまない神の熱情を覚えましょう。優しさを求める時代に、裁きの重い言葉は不人気かもしれません。しかし、神の約束のことば、イエスが命をかけて語られた重みのあることばこそ、私たちに必要です。

私たちは、些細なことでも、天と地がひっくり返ったかのごとくに動揺します。軽い言葉は、試練の中の私たちを支えることはできません。神の焼き尽くす火のような熱情と、十字架上でとりなしてくださる主イエスの熱情と、「ことばにならないうめきをもって、とりなしてくださる」（ローマ八・二六）御霊の熱情と、三位一体の神のお働きにより、揺り動かされることのない神の御国が私たちに与えられています。「感謝しつつ、敬虔と恐れをもって、神に喜ばれる礼拝をささげようではありませんか」（二八節）。

42　生活を整える

〈ヘブル一三・一～六〉

「1 兄弟愛をいつも持っていなさい。2 旅人をもてなすことを忘れてはいけません。そうすることで、ある人たちは、知らずに御使いたちをもてなしました。3 牢につながれている人々を、自分も牢にいる気持ちで思いやりなさい。また、自分も肉体を持っているのですから、虐げられている人々を思いやりなさい。4 結婚がすべての人の間で尊ばれ、寝床が汚されることのないようにしなさい。神は、淫行を行う者と姦淫を行う者をさばかれるからです。5 金銭を愛する生活をせずに、今持っているもので満足しなさい。主ご自身が「わたしは決してあなたを見放さず、あなたを見捨てない」と言われたからです。6 ですから、私たちは確信をもって言います。

『主は私の助け手。私は恐れない。
人が私に何ができるだろうか。』」

一三章は、「感謝しつつ、敬虔と恐れをもって、神に喜ばれる礼拝をささげよう」（一二・

二八）を受けて、具体的に神に喜ばれる礼拝の内実を語ります。

ところで、前回説明したように、原語では「礼拝する」は「仕える」と同じ言葉です。神に喜ばれる礼拝は、必ず、感謝と敬虔と恐れをもって奉仕する生活を形づくります。本日の箇所は、神よりも人にどのように仕えるかをめぐって、兄弟愛、隣人愛、夫婦愛を勧め、金銭愛には陥らないようにと警告します。神への感謝は、生活において、様々な愛の姿を通して表されます。

「兄弟愛をいつも持っていなさい」（一節）。

兄弟愛の原語は、「フィラデルフィア」（フィル＝愛＋兄弟）です。ヨハネ黙示録に「フィラデルフィアにある教会」（三・七）とあります。この言葉は、血縁関係をもとにした兄弟愛という一般名詞であり、かつ地名です。米国ペンシルベニア州に同名の都市があります。フレンド派（キリストの友の会）と呼ばれているプロテスタントの一派が、その地を開拓しました。フレンド派がフィラデルフィア（兄弟愛）と名づけたと知り、合点がいきました。

キリスト教会における兄弟愛は、主イエスを長子と仰ぐ信仰をもとに築かれます。血縁関係にとどまらない広がりが、キリスト教会によってこの言葉にもたらされました。神に喜ばれる礼拝の充実は、礼拝を共にする兄弟姉妹の愛の深まりに進みます。一節は、直訳すれば、「兄弟愛が保たれますように」です。礼拝がなされ、兄弟愛がすでに成立しているから、その兄弟愛をこれからもしっかりと保ち続けるように、という励ましです。

「旅人をもてなすことを忘れてはいけません」（二節）。

「旅人をもてなす」は、「フィル＋旅人」です。実は「旅人」は意訳で、直訳は「見知らぬ人」です。旅人は、地元の人にとっては見知らぬ人です。原文では、「フィル＋兄弟」（一節）と「フィル＋見知らぬ人」（二節）と並んでいます。また「見知らぬ人」という名詞と「もてなす」という動詞は、語幹が同じです。ギリシア社会が、見知らぬ人に優しかったことをうかがい知ることができます。英訳の多くは、「ホスピタリティーを忘れるな」です。

二節の解釈は分かれています。一つは、迫害その他で逃れて来た信仰者、巡回伝道者をもてなすという理解です。もう一つは、今日のような宿のなかった当時、困っている旅人を見たら、もてなすようにという広い意味で理解します。もちろん、信仰者の旅人をもてなしますが、信仰の有無の限定はありません。「旅人をもてなすこと」が、「ある人たちは、知らずに御使いたちをもてなしました」と語り直されています。アブラハムとロトのことです（創世一八〜一九章）。旅人だと思ってもてなしていたら、彼らは御使いでした。知らずにもてなすという補足説明は、旅人がキリスト者であると知ってもてなすというより、旅人の素性を知らずに、だれでも旅人であればもてなす、という解釈を支持しているように読めます。

このように理解すれば、一節は教会内での、二節は社会においての、愛の実践です。教会内での兄弟愛の実践は、社会にあっては見知らぬ人へのホスピタリティーへと広がるものであることを、ここから学ぶことができます。具体的に何をしたらよいかは手探りの状態ですが、震災のボランティア活動等を通し、私たちはその必要性に気づかされました。このことは今日の難民の問題とも深く関わっています。

「牢につながれている人々を……虐げられている人々を思いやりなさい」（三節）。

これまでに、「牢につながれている人々と苦しみをともにし」（一〇・三四）、「ほかの人たちは……虐待されました」（一一・三六〜三七）と記されていました。本書が、牢にいる信仰の友を念頭に置いているのは確かです。同時に、教会内の兄弟愛（一節）から社会におけるホスピタリティー（二節）へと進んできた文脈に沿うなら、社会にあって底辺に生きている人に対する愛のわざへの展開と理解できます。ここには、「自分も牢にいる気持ちで」、「また、自分も肉体を持っているのですから」と言葉が添えられています。主イエスは、ご自分の肉体において、私たちの苦しみを味わってくださいました。主イエスのあわれみを知る私たちは、自分も肉体を持っているのですから、想像力を広げて、だれであったとしても、肉体的・精神的に虐げられ、苦しんでいる人を思いやることへと招かれています。この点に関しては、カトリック教会から多くを学べるのでは、と思わされています。

神戸基督教連合会は、刑務所等を訪問する教誨師の働きを支えています。話が少し脱線するのをお許しください。私は、あと一か月に迫った引っ越し準備に追われています。荷物を整理していますと、今お見せしている木彫りの親子の亀が出てきました。裏には、松本少年刑務所と記されていました。私の父も牧師で、長らく福岡少年院で講話をしていましたので、父が購入していたのでしょう。父は胆管癌で急逝しました。死後、思い出文集が作られました。読み返してみると、少年院で父の話を聞いていた受講生の「お見舞いの言葉」が記されていました。説教準備中に、少年院の子どもたちと心を通わせていた父を思い起こし、自分の働きの至らなさを思いました。

「結婚がすべての人の間で尊ばれ、寝床が汚されることのないようにしなさい」（四節）。

結婚つまり夫婦愛の大切さが、取り上げられます。「すべての人の間で」とあります。信仰者だけの結婚を扱っているのではありません。夫婦の寝床に、夫婦とは違う第三者を招き、「寝床が汚されること」があってはなりません。姦淫は、夫婦の契りを裏切る行為です。今日の言葉なら、不倫の問題です。淫行は、性的欲望や衝動にわが身を委ねる罪です（エペソ四・一九）。結婚を尊ばねばならない理由が、直訳すると、「なぜならば」という言葉を添えて、「神は、淫行を行う者と姦淫を行う者をさばかれるからです」と記されています。

礼拝には中高生の皆さんも出席しています。結婚を尊ぶことは、結婚する前から心に留めておく事柄です。性欲は、それ自体では基本的には食欲と同じです。食べないと健康を維持できませんが、食べ過ぎると体調を壊します。ただ性欲は、食欲以上にしっかりとコントロールされないと、すぐに不品行に走り出します。神に裁かれる不品行と、神に喜ばれる性の側面の境界線をどこに引くのかは、今の時代、慎重な検討が必要です。説教でこれ以上語ることはできませんが、教会は若い人のためにもこの問題を恥ずかしがらずに取り上げねば、と思わされました。

「金銭を愛する生活をせずに、今持っているもので満足しなさい」（五節a）。

「金銭を愛……せずに」は、原語では「No＋フィル＋銀貨（お金）」という一つの言葉です。兄弟愛とホスピタリティーの愛を促してきた著者は、「金銭愛はダメ」とピシャと語り、「今持っているもので満足しなさい」と勧めます。金銭愛にとらわれると、お金がいくらあっても満足できなくなり、さらに金儲けへと進むしかなく、損得勘定だけの人生となります。お金は必要ですが、満足を知らない金銭愛は不要です。

「主ご自身が『わたしは決してあなたを見放さず、あなたを見捨てない』と言われたからです。ですから、**私たちは確信をもって言います。『主は私の助け手、私は恐れない。人が私に何ができるだろうか』」**（五b～六節）。

主ご自身が言われた言葉は、モーセの後継者になるヨシュアに語られた言葉です（申命三一・六、八、ヨシュア一・五)。このみことばは、不安を抱えるヨシュアを励ましたことでしょう。金銭愛の根っこにあるのは、生きることへの不安です。この根っこを取り除かないと、金銭愛から自由になれません。著者は、「主ご自身」と「決して」という強調形を挿入し、「言われた」を、現在を含む時制で記します。かつてヨシュアを力づけてくださった神ご自身が、今も、読者に向かって「決して見捨てない」と力強く語っています。

著者は、読者を巻き込んで私たちとして、「確信をもって」語ります。「主は私の助け手」(詩篇一一八・六)(ギリシア語訳詩篇一一七・六)という信仰は、「私は恐れない。人は私に何ができよう」(詩篇一一八・六)と語らしめます。主が私たちを助けてくださるという確信が、私たちを強め、私たちを金銭愛から解放します。更には、周りの目を気にするという、人への恐れからも解放します。

＊　＊　＊

生活に根づいた信仰が重要です。兄弟愛に励み、夫婦愛をきよめ、金銭愛に陥ることがないように祈り求めましょう。また、ホスピタリティーの豊かな教会を目指しましょう。教会が地域の核となって、見知らぬ人への社会全体の対応が底上げされる、そのようなことをも想像しました。私たちは、すべてにおいて不十分ですが、神の守りと導きを確信し、みことばによって、小さな一歩であったとしても前に進み、「生活を整え」ます。

43　賛美のいけにえ

〈ヘブル一三・七〜一七〉

「7 神のことばをあなたがたに話した指導者たちのことを、覚えていなさい。彼らの生き方から生まれたものをよく見て、その信仰に倣いなさい。8 イエス・キリストは、昨日も今日も、とこしえに変わることがありません。9 様々な異なった教えによって迷わされてはいけません。食物の規定によらず、恵みによって心を強くするのは良いことです。食物の規定にしたがって歩んでいる者たちは、益を得ませんでした。10 私たちには一つの祭壇があります。幕屋で仕えている者たちには、この祭壇から食べる権利がありません。11 動物の血は、罪のきよめのささげ物として、大祭司によって聖所の中に持って行かれますが、からだは宿営の外で焼かれるのです。12 それでイエスも、ご自分の血によって民を聖なるものとするために、門の外で苦しみを受けられました。13 ですから私たちは、イエスの辱めを身に負い、宿営の外に出て、みもとに行こうではありませんか。14 私たちは、いつまでも続く都をこの地上に持っているのではなく、むしろ来たるべき都を求めているのです。15 それなら、私たちはイエスを通して、賛美のいけにえ、御名をたたえる唇の果実を、絶えず神にささげようではありませんか。16 善を行うことと、分かち合うことを忘れてはいけません。そのようないけにえを、神は喜ばれるのです。
17 あなたがたの指導者たちの言うことを聞き、また服従しなさい。この人たちは神に申し開きをする者として、あなたがたのたましいのために見張りをしているのです。ですから、この人たちが喜んでそのことをし、嘆きながらすることにならないようにしなさい。そうでないと、あなたがたの益にはならないからです。」

本日の箇所は、「指導者」という言葉で枠囲みされた段落です（七、一七節）。指導者のことは次回改めて取り上げます。その際、印象深い八節を合わせて解説します。本日は、枠囲みで囲まれた内容（九〜一六節）に思いを向けます。おそらく著者は、指導者がこれまで語っていたことを、自分の言葉で改めて語り直しているのでは、と思われます。

「異なった教え」（九節）が読者の教会に入り込んでいました。それへの対応が、教会に求められていました。以前、関キリスト教会にいたころ、教会員に日本刀の研ぎ師の方がおられました。交わりの中で、良い仕事をするにはいつも本物に触れていないといけない、と語ってくださいました。まがい物を見破り、異なる教えに惑わされないためには、著者がこれまで真剣に語ってきた主イエスの本物のいけにえから一時も目を離さないことが大切です。

「様々な異なった教えによって迷わされてはいけません」（九節）。

教会員を惑わす教えは、食べ物のことです。この問題は、本書の読者の状況と密接に関わっています。歴史的な再構築は困難ですが、次のように想定してみましょう。

当時、ユダヤ教のシナゴーグはどこにでもありました。ユダヤ人だけでなく、ユダヤ教に改宗した異邦人も集っていました。キリスト教の当初において、シナゴーグは伝道の拠点となっており、その中から多くのキリスト者が輩出しました。ところでシナゴーグでは、旧約聖書の食物規定が守られています。食物規定は、共同体のアイデンティティを形づくるものです。破ることはできません。あるキリスト者は、食物規定を守り、シナゴーグを中心とした地域コミュニティに属し、同時にキリスト教会にも集うという二足のわらじを履いていたのではないでしょうか。ユダヤ教はローマ帝国公認の宗教で、市民権を得ています。他方、キリスト教会には社会的保護は何もありません。心で主イエスを信じていても、ユダヤ教コミュニティの一員としてとどまることは、社会生活を穏便に維持するうえでの一つの方便となります。著者は、この問題に鋭く切り込み、このような生き方を禁じます。「食物の規定によらず、恵みによって」歩むことが、「心を強く」します。「食物の規定にしたがって歩んで」も、信仰的な「益を得ません」。十字架の血によって救われるという霊的な恵みは、食物規定には囚《とら》われない新しい生活様式をもたらします。

「私たちには一つの祭壇があります。……」（一〇～一二節）。

私たちが持っている祭壇とは、主イエスの血が注がれた十字架のことです。主イエスの身体のささげ物こそ、本物のいけにえです。「からだは宿営の外で焼かれる」とは、旧約の贖罪日の規定（レビ一六・二七）です。罪を贖ういけにえは、エルサレム市街地の門の外で献げられました。著者はこの規定を持ち出して、主イエスのみわざを語り直します。「それでイエスも、ご自分の血によって民を聖なるものとするために、門の外で苦しみを受けられました」と。「幕屋で仕えている者たち」とは、主イエスの到来以後も、「食物の規定にしたがって」いる人です。彼らの生活拠点は、宿営の内側です。内側にとどまっている者には、宿営の外で葬られた主イエスの「祭壇から食べる権利がありません」。つまり、十字架の贖いの恵みにあずかることはできません。

「ですから私たちは、イエスの辱めを身に負い、宿営の外に出て、みもとに行こうではありませんか。……」（一三～一四節）。

ここからが勧告です。著者は、主イエスのみもとに行こうと勧め、「宿営の外に出て」「イエスの辱めを身に負」う覚悟を促します。読者は、シナゴーグ・コミュニティの外に出ると、社会生活において摩擦や軋轢《あつれき》を体験します。著者はその労苦を十分知っています。そのうえで、それは宿営の外で苦しみを受けられた主イエスの道をたどることである、と説明します。

この道を進むことが、「私たちは、いつまでも続く都をこの地上に持っているのではなく、むしろ来たるべき都を求めているのです」と言い換えられています。キリスト者は、地上の都にいつまでもとどまるのではなく、まだ到来していない都を求め続けます。教会が、生活の方便のために妥協を繰り返し、地上に安定した自らの都を築こうとすると、教会ではなくなってしまいます。

迫害下を生き延びた初代教会は、後日、ローマ帝国の国教となりました。教会は、国家の真ん中に自らの位置を占め、宿営の外に出て行く精神を忘れました。その中で、社会的に少数者であるユダヤ教徒を弾圧するという罪を犯しました。

私たちキリスト者は、本来、この世にあっては寄留者であり、来るべき都を切望する者です。教会は、いつもどこにおいても、イエスの辱めを担い、宿営の外にとどまり続ける存在です。ここにこそ教会のアイデンティティがあります。

「イエスを通して、賛美のいけにえ……を、絶えず神にささげようではありませんか。善を行うことと、分かち合うこと……そのようないけにえを、神は喜ばれるのです」（一五～一六節）。

この険しい道は賛美で彩られています。「私たちには一つの祭壇があります」（一〇節）と語る著者は、その祭壇に献げるいけにえとして、賛美と善行と施しを挙げます。

「賛美」が、「御名をたたえる唇の果実」と説明されています。この「たたえる」は、告白するという言葉です。個々の唇が同じ言葉を語るとき、一つの信仰告白となります。歌詞を皆で歌う礼拝での賛美は、私たちの信仰告白であり、神へのささげ物です。

「善を行うこと」と「分かち合うこと」は、二語で一つの意味となり、物質的な支援を行うことも含めた信徒の交わりのことでしょう。神は、人に対して行う善いわざをも、ご自身へのいけにえとして受けとめてくださいます。

また、賛美と信徒の交わりがセットで語られていることを心に留めたいと思います。交わりにおいて心が一つになっているので、一つの言葉を語る賛美が成立します。

本日の箇所では、「運ぶ」という語幹が効果的に用いられています。異なる教えは、私たちを主イエスから離れた場所へ運んで行きます（九節）。私たちは、主イエスの辱めを運ぶかぎり（一三節）、主イエスにとどまります。私たちは、主イエスを通して賛美を上へと運び（一五節）、神に届けます。またこの言葉遣いは、「イエスの辱め」を運ぶことと、「賛美のいけにえ」を運ぶことの密接な関わりを表しています。私たちは、主イエスの辱めを担う試練の中で主イエスの恵みを想起し、賛美を運び、「恵みによって心を強く」されます。

ところで、私たちにとって、賛美といけにえは一つに結びついているでしょうか。賛美というと美しい音楽を連想し、楽しいなぁと思います。いけにえという言葉でまず連想されるのは旧約の動物犠牲です。主イエスは、ご自分の身体をいけにえとして十字架に献げてくださいました。いけにえとして献げられるのは血であり、命の尊さが象徴されています。十字架の祭壇に私たちの賛美をいけにえとして献げよう、と著者は勧めます。

本日、朝拝後にパイプオルガン奉献二〇周年の特別コンサートが行われます。豊かな音楽の調べによって、心が満たされることでしょう。その美しさは、音楽に従事しておられる方々の献身の実りです。私たちは、身体を用いて行う信仰生活の全体を、賛美のいけにえとして献げます。いつもの主日礼拝の賛美もまた、信仰生活の血と汗の結晶であるかぎりにおいて、本日のコンサートにまさるとも劣らない賛美のいけにえです。

「イエスを通して」が一五節文頭にあります。主イエスは、完全ないけにえを私たちのために献げてくださいました。私たちは、その「イエスを通して」賛美をささげます。「神は喜ばれるのです」が、一六節末尾にきています。文頭と文末はどちらも強調を表します。大事なことは、私たちが主イエスに感謝し、「イエスを通して」献げるなら、神は必ず喜んで受け入れてくださる、ということです。神賛美と交わりの実りを、心からささげましょう。

＊　＊　＊

著者は、異なった教えが教会を侵食することを防ごうとして、門の外で苦しまれた主イエスの姿を指し示しました。キリスト者がこの世に都を築き、そこに安住する危険はいつの時代にもあります。世に取り込まれてしまった教会は、門の内側の人にとっての居心地の良さばかりを求めます。私たちは、門の外での神に喜ばれる生活を祈り求め、賛美と交わりをいけにえとして携え、「イエスの辱めを身に負い、宿営の外に出て、みもとに行こうではありませんか」。

　当教会のパイプオルガンには、ラテン語で「息のあるものはみな主をほめたたえよ。ハレルヤ」（詩篇一五〇・六）と記されています。毎主日、私たちは主をほめたたえ、後奏に送り出されて、礼拝堂からこの世へと出て行きます。

44　昨日も今日も、とこしえに

〈ヘブル一三・七〜一七〉

「7神のことばをあなたがたに話した指導者たちのことを、覚えていなさい。彼らの生
き方から生まれたものをよく見て、その信仰に倣いなさい。8イエス・キリストは、昨日
も今日も、とこしえに変わることがありません。9様々な異なった教えによって迷わされ
てはいけません。食物の規定によらず、恵みによって心を強くするのは良いことです。
食物の規定にしたがって歩んでいる者たちは、益を得ませんでした。10私たちには一つの
祭壇があります。幕屋で仕えている者たちには、この祭壇から食べる権利がありません。
11動物の血は、罪のきよめのささげ物として、大祭司によって聖所の中に持って行かれま
すが、からだは宿営の外で焼かれるのです。12それでイエスも、ご自分の血によって民を
聖なるものとするために、門の外で苦しみを受けられました。13ですから私たちは、イエ
スの辱めを身に負い、宿営の外に出て、みもとに行こうではありませんか。14私たちは、
いつまでも続く都をこの地上に持っているのではなく、むしろ来たるべき都を求めている
のです。15それなら、私たちはイエスを通して、賛美のいけにえ、御名をたたえる唇の果

実を、絶えず神にささげようではありませんか。16 善を行うことと、分かち合うことを忘
れてはいけません。そのようないけにえを、神は喜ばれるのです。
17 あなたがたの指導者たちの言うことを聞き、また服従しなさい。この人たちは神に申
し開きをする者として、あなたがたのたましいのために見張りをしているのです。ですか
ら、この人たちが喜んでそのことをし、嘆きながらすることにならないようにしなさい。
そうでないと、あなたがたの益にはならないからです。」

本日は、前回触れたこの箇所を枠囲みしている「指導者たち」（七、一七節）に思いを向けます。ドイツ語の権威ある原典聖書は、邦訳聖書のように一六節と一七節に区切りを入れず、七節から一七節を一つの段落として扱っています。本書の著者はおそらくこの教会に在籍していた人で、過去の指導者も現在の指導者もよく知っているのでしょう。指導者と信徒の関わり方などの教会の内情をもわきまえているようです。その中から書かれた本書は、読者の心に届いていたはずです。神に喜ばれる礼拝（奉仕）をささげるうえで（一二・二八）、指導者たちと信徒とが健全な関係を築くことは、きわめて重要です。

「神のことばをあなたがたに話した指導者たちのことを、覚えていなさい」（七節）。

七節の指導者に関しては、「話した」と過去形で記されています。読者は、「彼らを覚えて

いるように」、他の邦訳聖書では「思い出すように」と勧められます。彼らは、神のことばを話して読者の教会を築いた初代の指導者で、もう召されています。また直訳すると、「あなたがたに神のことばを話したあなたがたの指導者」です。「あなたがた」が繰り返され、指導者と信徒との親しい間柄がうかがわれます。「指導者」という言葉は、職制を表す固有名詞でなく、「導く」という動詞の分詞形です。みことばを語り、読者の信仰生活を実際に導いたという働きを表しています。神のことばを話した初代の指導者を覚えるとは、信仰の原点に立ち返る作業です。

「彼らの生き方から生まれたものをよく見て」とあります。実は、この節は、「生涯の終わり」とか「結末」と、他の邦訳聖書で訳されています。「生き方から生まれたもの」は、人生の最後に集約的にその姿を表します。「殉教した」という説は、文脈からは読み取れません。旧約の信仰者を語る一一章の文脈からすると、指導者は、迫害や信仰的な試練に苦しみながらも、死に至るまで信仰にしっかりと踏みとどまりました。また一三章の文脈からすると、宿営の外で苦難にあっても辱の賛美のいけにえをささげ、人生を締め括りました。

彼らを地上的な成功者とみなす必要はありません。人の目から見ると苦しみだらけの人生であったとしても、その生涯の最後が豊かな神賛美に包まれていたことを「よく見」ると、人は励まされます。人生の評価は、絶頂期によってではなく、最期まで見届けてなされます。原語では、「生き方」と「見る」という言葉に、「再び、上に」を表す接頭辞が付いています。

初代の指導者の生涯は上に向かっていくものであり、読者もまた上を見上げるときに、彼らの生き方のすばらしさに気づかされます。また、「その信仰に倣いなさい」とあります。読者は、主イエスとの豊かな交わりに生きた彼らの信仰を見て、倣い、自らの信仰を育みます。

「あなたがたの指導者たちの言うことを聞き、また服従しなさい」（一七節）。

一七節の指導者たちに関しては、「指導者たちの言うこと」は現在形で記されています。本書の著者は、読者に向かって、彼らが今語っていることを「聞き、また服従しなさい」と勧めます。推測の域を出ませんが、読者が初代の指導者に従ったようには、現在の指導者には従っていなかったのではと、また、読者が初代の指導者をちゃんと「覚えてい」たなら現在の指導者にもっと従えたのではと思われます。読者の教会において、初代の指導者から現在の指導者への交代がなされていました。

「服従しなさい」は、非常に強い言葉で、権威主義的な言い回しに聞こえます。この勧めを理解するには、翻訳に触れておく必要があります。「聞き、また服従しなさい」の「聞き」という言葉は、通常の「聞く」ではありません。直訳すると、「説得させられて」です。説得は、権威によって一方的になされるのではなく、言葉を尽くしてなされるものです。指導者には、説得する賜物が必要です。指導を受ける者は、強制によってではなく、納得して自分から従います。

また文脈で理解することが必要です。初代の指導者は神のことばを語りました。現在の指導者もまた神のことばを語っています。指導者は代わっても、同じく神のことばが語られているので、「聞き、また服従しなさい」となります。教会において説教が成立するのは、語る者にも聞く者にも、神のことばに聞き、服従するという共通の信仰が宿っているからです。説教には特に、みことばによる説得力が求められます。

一七節には、「この人たちは神に申し開きをする者として、あなたがたのたましいのために見張りをしているのです」と、服従する理由が添えられています。原文では、「なぜならば、この人たちはまさに」と丁寧に記されています。「たましいのための見張り」とは、監視するより、絶えず目を覚まして祈り続ける姿を表します（マルコ一三・三三、ルカ二一・三六、エペソ六・一八）。指導者が魂の配慮をしてくれる人だから、会員は従います。

教師は、みことばを語る説教において、キリストとの関係が健やかになるようにと信徒の魂に心を配ります。長老主義政治における導く人としての指導者には、もちろん教会役員が含まれます。信徒のことを考え、治会長老は教会を治め、執事は愛のわざを行います。説教と小会・執事会の働きにおいて、魂への配慮を受けている喜びの中から、幸いな服従が生じます。このような教会でありたいと願います。

「神に申し開きをする者」とは、指導者のことだけではありません。終末の日、だれしも自分がしてきたことを神の御前で申し述べます（ローマ一四・一二、Ⅰペテロ四・五）。また本書には、「神のことばは生きていて……神の目にはすべてが裸であり……この神に対して、私たちは申し開きをするのです」（ヘブル四・一二～一三）とありました。神のことばを聴くことで、人は真摯に神に申し述べる者に変えられます。指導者は、みことばを取り次ぎ、聞く者をして申し開きをさせ、また自分自身の働きに関しても申し開きをします。指導者は、何を語ったかだけでなく、どう聞かれたかも、自分の至らなさをも含め、御前で申し述べます。

「ですから、この人たちが喜んでそのことをし、嘆きながらすることにならないようにしなさい」は、注意をひく言葉です。具体的なことは分かりませんが、現在の指導者たちが申し開きをする際に嘆いていたことをうかがわせます。彼らを嘆かせてはならない理由が、「そうでないと、あなたがたの益にはならないからです」と説明されています。御前での申し開きという終末的な文脈に、現実的な益という言葉が登場します。カルヴァンは、どんな誠実な指導者でも、悲しみや悩みに心が塞がれ、「快活な心が失われるときは、義務に専念し、これを果たそうとする力もまた失われ」、信徒自身の救いが危うくなる、と警告しています。魂の配慮をする者を嘆かせることは、嘆かせている者の不利益として跳ね返ってきます。新しい指導者が、昔の指導者の信仰を倣う信徒の中で、嘆くことなく、活き活きと喜んで奉仕できることを、著者は願っています。

「イエス・キリストは、昨日も今日も、とこしえに変わることがありません」（八節）。

本書の大きな流れに沿うなら、旧約で預言されたメシア（キリスト）と新約に描かれている主イエスは同じお方です。また、十字架で罪人のために血を流された主イエスと、今神の右に座しとりなしてくださる大祭司キリストは、全く同じお方です。指導者交代の文脈に沿うなら、初代の指導者たちとともにいてくださったイエス・キリストが、現在の指導者たちとともにいてくださいます。昔と今の指導者は、見かけは違っていたとしても、同じイエス・キリストに導かれています。指導者が交代しても、教会が変わることなく立ち続けることができるのは、イエス・キリストが永遠に変わることのないお方だからです。「イエス・キリストは、昨日も今日も、とこしえに変わることがありません」という聖句が、指導者交代の文脈に置かれているのは、意義深いことです。

＊　＊　＊

私は、本書の連続講解説教終了と同時に、牧師を引退します。その後、神港教会はしばらく無牧となります。神港教会はまさに指導者交代の時期を迎えています。神のことばを真剣に語り、魂の配慮ができる指導者が私たちにはいつも必要です。神は、そのことをご存じです。新しい牧師招聘に向け、神の導きを信じ、心を合わせ祈りましょう。また、無牧の期間を用いて、指導者が嘆くことなく喜んで奉仕ができるようにさらに自らを整えましょう。「昨日も今日も、とこしえに変わることが」ないイエス・キリストが、牧師交替の大事な時期を歩む私たちを、守り導いてくださいます。

45　手紙に託した祝福の祈り

〈ヘブル一三・一八〜二五〉

「18私たちのために祈ってください。私たちは正しい良心を持っていると確信しており、
何事についても正しく行動したいと思っているからです。19私があなたがたのもとに早く
戻れるように、なおいっそう祈ってくださるよう、お願いします。
20永遠の契約の血による羊の大牧者、私たちの主イエスを、死者の中から導き出された
平和の神が、21あらゆる良いものをもって、あなたがたを整え、みこころを行わせてくだ
さいますように。また、御前でみこころにかなうことを、イエス・キリストを通して、私
たちのうちに行ってくださいますように。栄光が世々限りなくイエス・キリストにありま
すように。アーメン。
22兄弟たちよ、あなたがたにお願いします。このような勧めのことばを耐え忍んでくだ
さい。私は手短に書いたのです。23私たちの兄弟テモテが釈放されたことを、お知らせし
ます。もし彼が早く来れば、私は彼と一緒にあなたがたに会えるでしょう。
24あなたがたのすべての指導者たち、また、すべての聖徒たちによろしく。イタリアか

ら来た人たちが、あなたがたによろしくと言っています。
25 恵みがあなたがたすべてとともにありますように。」

一年半かけて本書を学んできましたが、本日が本書からの最後の説教です。また、現職牧師として神港教会の講壇に立つ最後の説教でもあります。二〇節と二一節の祝禱のみことばでお別れをしたいと調整してきました。入退院を繰り返すなかにあっても、体調が守られ、その願いがかなえられましたことを主に感謝しています。また、皆様の祈りと励ましに、心から感謝しています。

「私たちのために祈ってください。私たちは正しい良心を持っていると確信しており、何事についても正しく行動したいと思っているからです。……なおいっそう祈ってくださるよう、お願いします」（一八～一九節）。

著者は、正しい良心を持っているという確信を語っていますが、自慢しているのではありません。著者の確信は、イエスの血による良心のきよめを信じる信仰の表明です。本書には、主イエスの十字架の血によって邪悪な良心から心がきよめられる、と記されています（一〇・一九～二二）。「正しく行動したい」は、直訳では、良い行動のことです。実は、正しい良心も、直訳すると、良い良心です。良いという言葉を重ね、良心と行動の結びつきを強調していいます。良い良心は必ず良い行動を生み出し、良い行動を行うには、良い良心を求めねばなりません。ここでの「思っているからです」は、あやふやな思いではなく、強い意志です。十字架の血により確かに良心がきよめられた。だから私たちは良い行動を行う。その決意が、意志という言葉で表されています。

「永遠の契約の血による羊の大牧者、私たちの主イエスを、死者の中から導き出された平和の神が」（二〇節）。

この祝禱では、神への呼びかけの言葉が大切です。冒頭の言葉は、「平和の神」です。神は、神との平和（四・一四〜一六）とすべての人との平和（一二・一四）を与えてくださいます。主イエスは、十字架の血によって罪を赦し、平和をもたらす永遠の契約を完成してくださいました。神はその主イエスを死者の中から引き上げてくださいました。永遠の契約が確かに立てられた証しが、復活です。

主イエスが「羊の大牧者」と呼ばれています。迷いやすい私たちには、通常の牧者以上の真の大牧者が必要です。大牧者の主イエスは、あとに従う羊たちをご自分の復活の道を通して天へと引き上げてくださいます。私たちは、主イエスが復活によって切り開いてくださった道を、海が割れてそこを進んだイスラエルの民のように、主イエスに導かれてたどります。死の暗闇の向こう側から、復活の光がいつも私たちを照らしています。また著者は、主イエスがヘブル人の教会に属する私たちを守り導いてくださっていることに感動しながら、「私たちの主イエス」と呼んでいます。

「あらゆる良いものをもって、あなたがたを整え、みこころを行わせてくださいますように。また、御前でみこころにかなうことを、イエス・キリストを通して、私たちのうちに行ってくださいますように。……アーメン」（二一節）。

著者の祈りの中心は、神があなたがたに「みこころを行わせてくださいますように」です。「みこころを行う」を直訳すると、「神の意志を行う」です。神の意志を行う人になってほしいという祈りです。一八節には、私たちが正しい行いをするという意志を持てるように、祈ってほしいと訴えていました。一八節から二一節まで続けて読むと、「あなたがたは、神の意志を自分の意志で行える人になれますように」という祈りが立ち上がってきます。私たちは、これをしたい、あれをしたいという様々な意志を持っています。その自分の意志が神の意志と重なるとすれば、どれほどの力が実現のために注がれていくのでしょうか。祈りは、神の意志に自分の意志を合わせ、みこころを行いたいという思いを強めるものです。

そして、みこころを行えるように、必要なあらゆる良いものを備え、あなたがたを整えてくださるように、と祈っています。何か自分に良いものがあるとしたら、それはみこころを行うために、神が備えてくださったものです。私たちは、感謝をもって良いものを神のために用い、栄光をキリストに帰します。最後の「栄光が世々限りなくイエス・キリストに」という頌栄は、栄光が神に、というニュアンスをも含んでいます。

「みこころにかなうこと」とは、神がお喜びになることです。私たちのうちに神の喜びがあるようにという祈りです。「イエス・キリストを通して」とあります。神は地上のイエス・キリストの十字架を根拠として、また今神の右に着座しておられる天上のイエス・キリストを通して、私たちに働きかけてくださいます。神はイエス・キリストによって、自分の喜びしか求めていなかった私たちを、神の喜びを神と分かち合う者へと造り変えてくださいました。

「あなたがたにお願いします。このような勧めのことばを耐え忍んでください。私は手短に書いたのです」（二二節）。

「勧めのことば」は説教のことです。説教を「耐え忍んでください」と、語られています。この言葉は、迫害を耐えるという場面で使われ（Ⅰコリント四・一二、Ⅱテサロニケ一・四）、「健全な教えに耐えられなくなり」（Ⅱテモテ四・三）と、説教との関わりでも用いられます。本書は、乳を飲むのではなく固い食物を食べ、一人前の大人になれ、と諭していました（五・一二〜一四）。本書の内容は、何度も咀嚼《そしゃく》して初めて、やっと自分の血となり肉となるような固い食物です。それを食べ続けるには、忍耐が要ります。また著者は、本書は長い手紙ですが、手短に書いたとあります。言葉を尽くして説明するべきところ、読みやすいように言葉を端折《はしょ》ったということでしょう。説教者が分かりやすくするためにどれほど準備したとしても、それでも、聞く側には忍耐して聞くという心構えが必要です。

今はネット検索の時代で、すぐに情報を入手できます。ネットでは、字数が少なく、絵文字をも用い、視覚的にメッセージを伝えます。この風潮に合わせるなら、単純明快な説教が喜ばれるでしょう。ですが、説教とは、分厚い旧新約聖書を解き明かすものです。すぐに消え去るような情報ではなく、人生を丸ごと支える骨太の言葉です。仮想空間のような作り話ではなく、歴史に裏打ちされた神の真実な物語です。本書には、煩瑣《はんさ》な旧約聖書引用が多々あり、皆様はそれを聞いてこられました。聖書が丁寧に解かれ、忍耐して聞くならば、説教は必ず信仰的な益をもたらします。どうかそのことを確信してください。

ジュニアの皆さん、説教では神の本気の愛が説かれていますので、難しく思われたとしても、どうか忍耐して聞いてください。また大人の皆様にとりましては、子どもたちの模範となるような姿勢で説教に聴き入ることに習熟してください。神港教会はこれまでもそうでしたが、これからもみことばに食らいついて聴くという歩みを続けていただきたいと願います。

「私たちの兄弟テモテが釈放されたことを、お知らせします。……イタリアから来た人たちが、あなたがたによろしくと言っています。……」（一三～二五節）。

本書が教会で読まれることを念頭に、手紙としての添え書きが付けられました。「私たちの兄弟テモテ」とは、おそらくパウロから「愛する子テモテ」（Ⅱテモテ一・二）と呼ばれているテモテです。この手紙の背後に、イタリアにおいて何らかの仕方でテモテを介して伝えられたパウロの影響があったのでは、と推測されます。また著者は、ヘブル人の教会にできるだけ早く足を運ぶことを願い、祈りを要請しています（一九、二三節）。著者と読者の間の仲睦まじい関係を垣間見ることができます。このような親密な間柄だからこそ、著者は厳しいことをも大胆に語る説教を行うことができます。

＊　＊　＊

本書の連続講解説教中、祝禱に二〇～二一節のみことばを用いてきました。祝禱は、祝福と言い換えることができます。「あなたの祝福を与えたまえ」と神に祈り、「神の祝福がここにありますから、あなたがたはそれを受け取ってください」と会衆を神の祝福へと招きます。礼拝の場に臨在しておられる神が、祝福の祈禱を通して、また「昨日も今日も、とこしえに変わることが」（一三・八）ない「イエス・キリストを通して」、ご自身の祝福を会衆一同に豊かに確かに注がれます。祝禱に「アーメン」と唱和し、神の恵みにあずかりましょう。

神の祝福を受けることにより、みこころを行いたいという思いが強められ、それを行う意志を新たにされます。平和の神は、みこころを祈り求める私たちに、それを行うことができるようにと、あらゆる良いものを必ずいつも備えてくださいます。「恵みが」神港教会の「あなたがたすべてとともにありますように」（一三・二五）。アーメン。

おわりに

「ヘブル人への手紙」（本書）の序論的な考察は、説教で触れていますので、割愛します。手紙の背景は説教1（一・一～二節a）において、著者とヘブル人の教会との関係は説教5（二・一～四）と44（一三・七～一七）において、手紙としての性質は説教45（一三・一八～二五）で述べました。天使との比較、モーセとの比較、旧約の神殿祭儀との比較等は、歴史的な正確さを確定させることは困難でしたが、その都度、この記述が必要な社会的背景を推察しながら解き明かしました。

本書の執筆年代に関し、大祭司論が神殿祭儀は不必要であるという結論で終わる論調は、エルサレム神殿崩壊後の執筆を支持するのではないかと思われます。

『罪と不法が赦されるところでは、もう罪のきよめのささげ物はいりません』と語る一〇章一八節が、四章一四節からの大祭司論の締め括りの言葉です。罪の赦しは、個人の心の問題にとどまりません。大祭司イエス・キリストが天上で神の右に着座されたことにより、地上の神殿祭儀は廃止され、キリスト教会の新しい礼拝が立ち上がりました。本書は、神殿祭儀の廃止という制度的社会的大変革の切実な課題を、罪の赦しをめぐって考察し、旧い契約から新しい契約への移行に伴う当然の結果として神学的に受けとめています」（説教28、一〇章五〜一八節、二二二〜二二三ページ）。

『ウェストミンスター小教理問答』の大祭司キリスト論の引照聖句はすべて、本書から取られています。キリストの祭司職を理解することにおいて、本書の意義を強調しすぎることはありません。また、本書の神学的貢献は、旧約の大祭司と大祭司イエス・キリストとの比較に際し、議論の根底に堅固な契約神学を構築している点にあります。「大祭司職はもちろんのこと旧新の契約の対比、聖所、ささげ物について学ぶことができ、〝THE キリスト教〟と呼びたくなるほどキリスト教の真髄に触れた思いを抱きました」は、私の偽らざる本音です（説教29、二二六ページ）。著者は、骨太の神学者です。本書は、大祭司イエス・キリストを介しての罪の赦しの恵みを、汲めども尽きないほど宿しています。

また本書は、大祭司イエス・キリストへの感謝の応答を一〇章一九節より懇切丁寧に語り出します。「集まりをやめたりせず、むしろ励まし合いましょう。……必要なのは、忍耐です」（一〇章）と勧め、忍耐をもって歩んだ旧約の信仰者を紹介します（一一章）。そして、主の訓練によって鍛えられる幸いを説き（一二章）、奉仕を伴う神に喜ばれる礼拝生活を記します（一三章）。この部分は分かりやすく、著者の牧会者としての資質が遺憾なく表されています。

今回取り上げるまでは、本書に関し難解なイメージが先行していました。また教理的な解説だけでは、毎回同じような説教となってしまうのではと危惧していました。幸いなことに、文学的・修辞学的な視座から解説する最近の注解書（英文）は、説教をするうえで非常に役に立ちました。連続講解説教をしたことで、著者を特定することはできなくても、福音を語る著者の息づかいを身近に覚えることができました。

端的に言えば、説教するとはどういうことかを、著者の論説を追うことで学ぶことができました。くどいと思われても、難解であったとしても、読者にとって必要なことを、事柄を掘り下げて語り抜く強靱な説教者の精神を、著者の中に見て取ることができます。また著者は、このような説教に食らいつくようにと読者を励ましています。何よりも印象深いのは、著者が大祭司論を語るに際し、旧約聖書を用いて聖書的な根拠を常に示そうとしていることです。読者は、著者の個人的な読み込みとは思わなかったはずです。著者のこのような姿勢は、本書を説教するうえで大いに参考になり、説教において旧約聖書の引用を丁寧に扱いました。

十字架への言及と比べると、復活への言及は限られています。では、著者は復活をあまり意識しなかったのでしょうか。そうではありません。主イエス・キリストの天上の大祭司職を論ずる際、「復活して昇天された」は、その大前提として常に機能しています。また、アブラハムの復活信仰を語り（一一・一九）、祝福の祈禱において「私たちの主イエスを、死者の中から導き出された平和の神」（一三・二〇）と明言しています。とある機会に、本書を思い巡らして復活の祈りを記しましたので、この場を借りて紹介します。

「大牧者の復活」
　主イエスを死者の中から導き出された神よ
主イエスは　十字架の血潮によって
罪の赦しの永遠の契約を確立してくださいました
主イエスの復活は　契約締結の確かなしるしです
復活を喜び　心からあなたの御名をほめたたえます
　平和の神よ
どうか
あなたの契約に基づいて
あなたとの平和とすべての人との平和を
私たちに豊かにお与えください
そして
復活の主と出会った弟子が復活の証人となったように
私たちを　平和の証人として　遣わしてください
　救いの創始者　先導者　主イエスよ
モーセに導かれた民が　割れた海を渡ったように

あなたが開いてくださった　復活の新しい生きた道を
あなたに従う私たちに　歩ませてください
　羊の大牧者　大祭司　私たちの主イエスよ
迷い易く　罪深い　私たちですが
あなたの贖いのゆえ　大胆に恵みの御座に近づきます
祈りに適った助けを　主の日毎にお与えください
　アーメン

（参照聖句、ヘブル一二・一〇、四・一六、一〇・二〇、一三・二〇）

今回の原稿作成において、言葉遣いに苦慮しました。本書は文脈に応じて、御子、イエス、キリスト、イエス・キリストと、様々な呼称を用いています。この本はその用法を尊び、説教箇所にある呼称を用いて解説を行いました。特別な指示がない場合は、主イエスと記載しました。また新改訳2017は、「みことば」、神の「ことば」と記しています。それも踏襲しました。一般名詞の言葉を表す場合は、漢字表記を用いました。そのほか、「みこころ」「あわれみ」等の平仮名表記も、聖書の記載に従いました。

今回収録の説教は、ライブ配信の音源をもとに説教要約を大幅に加筆修正したものです。順序を入れ換えたものもあります。神港教会での説教では、毎回、節を追っていたわけではありませんが、この本では読みやすさを考慮し、節の流れにしたがって解説し、序論と結論を付けるスタイルで統一しました。また、説教題に関しても実際の説教とズレた場合は、今回、内容に合わせて変更しました。

この本の原稿は、教師引退後、埼玉の家内の実家に転居し、そこで記されました。神港教会で説教していたときは、本になるとは全く考えておらず、原稿としてまとめるのに思いのほか時間がかかりました。引退して時間が自由になったからこそ、この本はできました。また、厳しい治療継続を覚悟し転居しましたが、精密検査をしますと、神戸で行っていた新薬が驚くほど効いており、転居後、体調は守られています。これまで祈ってくださった方とお世話になった医療関係者に感謝の念を厚くしています。

いつもすべての原稿に目を通してくれる家内と、書斎を用意して迎えてくれた実家に感謝しています。また、『安田吉三郎著作集』の件で、いのちのことば社出版部の長沢俊夫氏との出会いがなければ、この本は生まれませんでした。主の不思議な導きを覚えざるを得ません。何よりもこの本は、紛れもなく、神港教会のためになされた説教です。闘病中の説教を祈り支えてくださった神港教会の皆様に心から感謝しています。

主の二〇二三年六月

岩崎　謙

＊聖書 新改訳 2017© 2017 新日本聖書刊行会 許諾番号 4-1-865 号

大祭司イエス・キリストを告げる説教

2023年9月1日 発行

著 者 岩崎 謙

印刷製本 日本ハイコム株式会社

発 行 いのちのことば社

〒164-0001 東京都中野区中野2-1-5
電話 03-5341-6922（編集）
03-5341-6920（営業）
FAX03-5341-6921
e-mail:support@wlpm.or.jp
http://www.wlpm.or.jp/

ISBN 978-4-264-04453-6